Ramón Hidalgo Monteagudo

IGLESIAS ANTIGUAS MADRILEÑAS

2

Madrid de Bolsillo

EDICIONES LA LIBRERIA

A Fidel Revilla y Rosalía Ramos,
maestros, colaboradores,
y ante todo, amigos,
siempre tan cerca.

1ª Edición, 1993
2ª Edición, 1998

© 1998, Ramón Hidalgo Monteagudo
© 1998, EDICIONES LA LIBRERÍA
C/ Mayor, 80
28013 Madrid
Telf.: 91 541 71 70

Portada: Joaquín González
Fotocomposición: Ángel Gallardo
Impresión: Materprint
Encuadernación: Guijarro

I.S.B.N.: 84-87290-52-3
Depósito Legal: M-10.074-1998

Impreso en España/*Printed in Spain*

ÍNDICE

PRÓLOGO

Si la anterior edición de este libro apareció sin una breve presentación o prólogo, fue, sin duda, por un pequeño despiste del autor y por las prisas que siempre acompañan la fase final de una publicación.

Este prólogo tiene por objeto, más que subsanar el que no se hizo, dedicar un recuerdo amistoso y entrañable al autor del libro que ya no puede ni podrá hacerlo. Su entusiasmo por todo lo relacionado con Madrid, y en especial con la arquitectura, ha quedado patente en las páginas de este libro y en otras en las que ha compartido firma con otras personas, entre las que me encuentro.

El libro de *Las iglesias antiguas madrileñas*, de Ramón Hidalgo, nació de una idea compartida entre el autor y el editor, en un momento en que, prácticamente, el único libro de referencia genérica para estudiar las iglesias madrileñas era el ya clásico de D. Elías Tormo, que había visto la luz en los años veinte y se había reeditado en los ochenta. Se cubrió con el libro de Ramón Hidalgo un evidente hueco y se acercó el tema a un público no especialista pero sí muy interesado en conocer mejor nuestro patrimonio histórico religioso. La descripción minuciosa, la prosa un tanto barroca, pero siempre bien trabada que ha caracterizado a Ramón encuentra en estas páginas una buena muestra.

Espero que en su segunda edición este librito siga viajando en los bolsillos de madrileños y visitantes cuando se acerquen a conocer un poco más y mejor cualquiera de las iglesias incluidas en él. Ello, con toda seguridad, llenaría de satisfacción y de gozo a Ramón si siguiese entre nosotros.

Fidel Revilla González

I. LA VILLA MEDIEVAL

SAN NICOLÁS
(Actual iglesia de Ntra. Sra. de los Dolores, de la orden de los Servitas.)

Cronología: Torre, siglo XII.
Iglesia, siglo XV.
Naves, siglo XVII.
Capillas, siglo XVII.
Portada, siglo XVIII.
Situación: Plaza de San Nicolás, s/n.

Es ésta la iglesia más antigua que queda en Madrid, y la primera arquitectura cristiana que ha llegado a nuestros días, superada en antigüedad sólo por la muralla árabe del siglo IX, en la Cuesta de la Vega. Aparece ya citada en el Fuero de Madrid, de 1202, junto con las nueve restantes parroquias medievales, de las que sólo subsisten, sin haber sido sustituidas por otras enteramente nuevas, ésta y la de San Pedro. Fue una de las parroquias ricas del norte de la villa, habitada por nobles, repobladores castellanos y profesiones liberales, como médicos, sastres y jurisconsultos, y ocupaba una de las superficies

parroquiales más reducidas de la villa medieval. Según
Montero Vallejo, en San Nicolás se reunía, a finales del
siglo XV, el cabildo de clérigos de Madrid. Aquí recibió aguas bautismales el poeta Alonso de Ercilla, autor
de la epopeya «La Araucana», y fue enterrado Juan de
Herrera, el arquitecto del Escorial, que era vecino de la
collación.

La iglesia no se mantiene completa en su estructura
primitiva, habiéndose ido formando un conjunto hete-
rogéneo de cuerpos y partes de diferentes épocas, ya
que al igual que San Pedro, el templo experimentó diversas reformas y modificaciones, según las formas propias de cada momento histórico, pero es la iglesia madrileña que aún mantiene mayor número de elementos
medievales significativos.

Arquitectónicamente, es la torre, situada al sur del
conjunto parroquial, el elemento de mayor valor y antigüedad, ya que hoy se acepta unánimemente que es un
magnífico campanario de arte románico mudéjar del
siglo XII, y por tanto no muy posterior al momento de
entrada de los cristianos en la medina musulmana, hacia
el año 1085. Es una torre esbelta, de módulo cúbico,
levantada en ladrillo muy cocido, y que presenta un
hermoso conjunto de series de arcos, de técnica y repertorio de tradición mudéjar, con fondo ciego, consis-
tente en doce arquerías, tres por cada cara de la torre, y
que desarrollan un dibujo diferente según ascienden en
altura.

Así, las arquerías más bajas, no visibles desde la
calle, pero sí a cierta altura o desde el patinillo al que
se accede por la nave de la derecha, presentan arcos de
tres lóbulos, la segunda arcos de cinco lóbulos, y finalmente la tercera, arcos simples de herradura, apoyados
siempre estos arquillos en columnitas de mármol blanco,

detalle que introduce una imagen suntuosa en arquitectura de programa constructivo humilde. Sólo visible desde dependencias interiores, la torre conserva aún otro elemento curioso, que ha pasado desapercibido, una ventanita muy similar a las de la torre de San Pedro, compuesta por una ranura vertical de aspillera, dentro de un arco ciego de herradura, enmarcado por el correspondiente alfiz o arrabá, y que al situarse en zona muy baja del campanario, serviría para dar luz al arranque de la escalera.

Es esta torre una excelente muestra del arte de los albañiles mudéjares madrileños, que a pesar de ser etnia sometida, se encargaron de una parte muy considerable de las construcciones en la villa durante toda la baja Edad Media. Su pericia, habilidad y sabio manejo de la técnica y decoración, junto con lo barato del material que diestramente manejaban, el ladrillo, hizo que la arquitectura de la que ellos eran herederos se convirtiera en la predominante. El peso e influencia de las formas mudéjares se mantuvo arraigado en la tradición madrileña, condicionando incluso el arte de períodos posteriores. Relacionada esta torre, tradicionalmente, con el foco mudéjar toledano, Montero Vallejo la ve, recientemente, más cerca de los campanarios mudéjares andaluces.

En 1603 se abre un período de reformas, que supondrá la ampliación del templo por los pies, ocupando el viejo osario medieval, según Montero, la remodelación del interior en estilo toscano, la construcción de las capillas en la nave de la Epístola, y la reforma de la parte alta de la torre, que desde entonces muestra un enorme ventanal de medio punto por cada frente, con impostas, encuadrado en un retranqueo, a modo de alfiz, y rematado por alero de clásicas molduras, pero todo en ladrillo, con lo que se obtiene una perfecta sincronía. El chapitel de la torre parece de esta época, pero algún autor sostiene que fue añadido en la restauración historicista de principios de este siglo.

De la estructura medieval interior, oculta por la capa añadida a principios del XVII, sólo se perciben hoy elementos sueltos, como el gran arco toral de paso de la nave a la capilla mayor, muy rehecho, la gran techumbre de carpintería mudéjar sobre la nave central, de tirantes a par, oculta hasta principios de este siglo, unos arcos de herradura, muy estilizados, guardados por otros de múltiples lóbulos, en el muro derecho de la capilla mayor, y una gran bóveda gótica estrellada, del siglo XV, en la cabecera. Precisamente, este detalle, la dualidad de cubrición, muestra una característica clara de las iglesias mudéjares, que mientras para las naves se utilizan cubiertas de madera, de tradición mudéjar, para la capilla mayor, que era el lugar más sagrado, puesto que allí se oficiaba lo más importante de la liturgia cristiana, se optaba por una cubierta inequívocamente occidental, la bóveda gótica. Resulta difícil proponer fechas concretas para todos estos elementos, aunque lo más probable es que sean de los siglos XIV y XV, de este siglo con seguridad la gran bóveda gótica de la cabecera, cuyo ábside sigue la habitual forma poligonal de esta arquitectura.

El único ingreso a San Nicolás que hoy se practica se hace por una portadita pequeña, ubicada entre las dos capillas de la Epístola que se añaden en el XVII. Esta portadita se labra en el primer tercio del XVIII, y presenta, a pesar de lo reducido de su ornamentación, el estilo inconfundible del arquitecto Pedro de Ribera, con su repertorio de roleos planos, copetes, bocelón grueso, claves, tarjetones y frontón muy segmentado, con un medallón del santo titular, en busto y alto relieve, que posiblemente es trabajo del escultor Juan Alonso de Villabrille y Ron, habitual colaborador de Ribera, en las esculturas de piedra para los exteriores.

Las naves interiores muestran la remodelación que sufre el conjunto, a partir de 1603, con arcos de medio punto entre las tres naves, con impostas en las jambas, separadas por pilastras de capitel toscano, lisas y secas como es propio de la arquitectura manierista de principios del XVII. Algo más tardías, pero dentro de ese siglo, parecen las capillas de la nave derecha, la de la Epístola, situadas a ambos lados de la puerta, pequeños ámbitos cuadrados con pechinas triangulares, que dan paso a la correspondiente cúpula, con anillos, tambor, casquete y linterna, decorado con los típicos modillones del Barroco madrileño.

En la primera capilla de la derecha, a los pies, la comunidad de hermanos servitas ha reunido un pequeño grupo de pinturas y esculturas de interés, presididos por el retablo neoclásico de 1825, en cuyo centro vemos la Dolorosa de vestir, donada ese año por Valeriano Salvatierra, escultor de cámara del rey Fernando VII, en gratitud por sanar de una grave enfermedad, autor de la propia imagen, y que obtuvo tal acogida popular que sirvió de modelo a las «dolorosas» madrileñas del siglo pasado. En el centro de la capilla, protegida por urna, un precioso busto de Dolorosa, en madera policromada, del granadino Pedro de Mena, de mediados del XVII, un Niño Jesús sevillano, de mitad del XVII, un San José con el Niño, rococó, del XVIII, un San Cayetano, de la misma época, y un San Miguel venciendo al demonio, sevillano, de principios del XVIII, que aunque cercano a Luisa Roldán, sigue el modelo creado por su padre Pedro Roldán. En los muros hay dos pinturas, una copia antigua del Cristo de Burgos, y una copia, de fines del XVIII o principios del XIX, del famoso Cristo que Mengs pintó para la capilla del Palacio de Aranjuez.

En los testeros de esa nave, se ven un lienzo muy interesante con la Magdalena penitente, de anónimo español de la segunda mitad del XVII, de colorido muy fino, y la talla del Crucificado del Consuelo, que según Tormo procede de la desaparecida Escuela de Cristo, sevillano del XVII, con paño de pureza barroco, y que parece de seguidor de Juan de Mesa.

En la capilla de San Nicolás recibe culto una pequeña figura de este santo, que podría ser, muy repintada, la que cita Ceán Bermúdez como hecha por Juan Alonso de Villabrille y Ron, con destino al altar mayor, pues aunque apenas se puede juzgar por los repintes, presenta elementos propios del escultor. A un lado, sobre peana, espléndido Ecce-Homo, de más de medio cuerpo, para el que Tormo proponía como autor a Nicolás de Bussy, escultor de Estrasburgo, que antes de afincarse en Murcia, vivió años en Madrid como escultor de cámara de Carlos II.

La nave izquierda, la del Evangelio, es más pequeña, y carece de capillas, y en ella lo único notable es el grupo de San Antonio de Padua, que puede ser de Juan Porcel, escultor murciano que trabaja en Madrid a mediados del XVIII, buen heredero de la imaginería barroca, pero imbuyéndola de gracia rococó, y autor de otro San Antonio en la cercana iglesia del Sacramento. Vemos, también, en un pilar, una copia antigua de la Virgen de la Paloma, que en realidad es copia de la antaño veneradísima Soledad del desaparecido convento de la Victoria.

La capilla mayor está presidida por el retablo neoclásico de principios del XIX, con una poderosa Dolorosa implorante, de la segunda mitad del XVIII, magnífica de factura y sobria de expresión, con policromía agria del período. En el muro derecho, Crucificado, que parece de finales del XVI, antes en el coro, y pintura con Sagrada Familia, quizás italiana, del XVII. En el muro opuesto, varios lienzos, sobresaliendo una Virgen con San Bernardo y San Francisco, de principios del XVII, no lejano al estilo de Vicente Carducho.

La iglesita fue parroquia hasta 1806, uniéndose a la de San Salvador, y tras recuperarla a mediados del XIX, dejó de serlo definitivamente a finales de siglo, siendo ocupada desde principios del XIX por la comunidad de servitas, que siguen residiendo en el templo, cuya torre fue declarada monumento nacional en 1931, favor del que hoy goza todo el conjunto.

SAN PEDRO

Cronología: Torre, siglo XIV.
                 Iglesia, siglos XIV-XV.
                 Naves, siglo XVII.
Situación: c/ Nuncio, 14.

San Pedro es otra de las parroquias citadas en el Fuero de 1202, que a pesar de las reformas y añadidos, se mantiene en el lugar primitivo —esto se matizará enseguida—, sin haber desaparecido o haberse visto sustituida por otra enteramente nueva, como es el caso de las de San Justo —hoy San Miguel— y Santiago. Sin embargo, es posible que la citada en el Fuero no sea exactamente ésta, pues existe tradición —Tormo incluso arguye un documento de 1512— de que la primera parroquia estuvo enclavada más al este, junto a intramuros de Puerta Cerrada. Posiblemente por su estado ruinoso, o por alguna otra razón, como la necesidad de disponer de espacio más holgado ante la citada puerta, que reunía cierto movimiento de gentes, pudo ser derribada, levantándose una nueva en el siglo XIV, más abajo de la actual calle Segovia, junto a las fuentes del barranco de las Hontanillas. Otra tradición, compatible con lo anterior, sostiene que la parroquia fue reconstruida por el rey Alfonso XI para conmemorar la toma de Algeciras en el año 1345. A principios del siglo XVII, reinando Felipe III, el templo goza del título de «real», que tal vez ostentara ya desde tiempos de Alfonso XI, operándose una drástica reforma, y a cuya condición responden los escuditos reales que pueden verse en las fachadas norte y sur, que son de esa época. Conservó la parroquialidad hasta finales del XIX, en que pasó a la nueva iglesia de la Paloma.

Al igual que en San Nicolás, la parte más antigua conservada es la torre, que se viene datando a mediados del siglo XIV, coincidiendo con la reconstrucción de Alfonso XI. Responde al modelo de campanario mudéjar del foco toledano, siendo muy esbelta, y con fábrica íntegra de ladrillo, conservándose completa hasta la cubierta. Su ornamentación es muy sencilla, con aspilleras inscritas en arquitos ciegos de herradura, abarcados a su vez por el clásico arrabá. Estas ventanitas, una por cada cara, se disponen a diferente altura, con objeto de ir procurando luz interiormente según se asciende. Dos impostas, con friso intermedio liso, dan paso al piso de campanas, que se reparte en dos ventanales de medio punto, por cada cara, de tradición románica, levemente abocinados, que se decoran finalmente por una línea de cuñas de ladrillo. El tejado, aunque rehecho, puede seguir la disposición primitiva, pero en el Plano de Texeira aparece, sin embargo, rematada por un chapitel de la época de los Austrias.

El templo posee dos ingresos, el primero, hoy condenado, en parte por su desnivel respecto a la Costanilla de San Pedro, se sitúa en la zona de los pies, junto a la torre, y presenta columnas, muy erosionadas, que son del XVI, y cuyos capiteles recuerdan los alcarreños del círculo de Lorenzo Vázquez. El segundo ingreso se abre al sur, dando paso a la nave de la Epístola, y embutida entre dependencias independientes, con puerta muy sencilla, simplemente adintelada, como parte de la reforma del XVII.

Las citadas dependencias fueron sede de dos antiguas hermandades, la de los pies, cerca de la torre, lo fue de la extinguida cofradía del Cristo de las Lluvias, vinculada con las curiosas leyendas de la campana milagrosa de la torre, que al son de su tañido atraía la ansiada lluvia o alejaba las tormentas. Al exterior muestra un gracioso chapitel, que interiormente hace las veces de linterna. La otra dependencia, cerca de la cabecera, perteneció a la venerable congregación de sacerdotes naturales de Madrid, que a finales del siglo pasado construyeron casa, hospital y templo en el tramo nuevo de la calle San Bernardo. Ambas construcciones poseen acceso independiente de la iglesia, directamente a la calle, y por sus caracteres serán de algún momento del XVII, viéndose sobre la puerta de la segunda un gran escudo papal.

Al interior, apenas pueden verse restos medievales, si no son las proporciones, propias de templo modesto de esta época. Lo visible es fruto de la remodelación de 1611, según dato de Montero Vallejo, con arcos de medio punto, entre pilastras toscanas, y bóveda de cañón, con lunetos laterales, todo muy de principios del XVII, liso y seco, con escasos cajeados aún, menos las yeserías añadidas, más barrocas, a finales de siglo, con armas vaticanas y enmarcaciones mixtilíneas.

El retablo mayor es de ese momento final del XVII, cerca ya de los retablos de Churriguera, pero aún con mucho de los modelos retablísticos de la escuela de Cano, con columnas torneadas, escudos reales, angelotes portando la mitra papal, y en el centro, uan copia española, antigua, de la Crucifixión de San Pedro, de Guido Reni. Sobre la cabecera, casi prolongación de la nave, cúpula sin tambor, y sin trasdosar.

Comenzando la visita interior, a los pies de la nave de la Epístola se halla la antigua capilla del Cristo, de estilo toscano, con pilastras planas, de la primera mitad del XVII, con cúpula sin trasdosar y linternilla. Al interior, lo más antiguo que subsiste es la capilla de la cabecera de esta nave, que conserva su bóveda gótica de nervaduras, del XV, y que fue una de las dos capillas que poseyeron los Lujanes.

En el siglo XVI fundaron otra, en la cabecera de la nave del Evangelio, hoy totalmente rehecha, y sin interés, cuyo ábside semicircular es visible exteriormente, pero que guardó el sepulcro de don Antonio de Luján, obispo de Mondoñedo, hoy en el Museo Arqueológico de Madrid.

Entre las escasas obras de arte que guarda el templo, explicable por haber sido desmantelado durante la guerra civil, destaquemos un buen busto de Ecce-Homo y un grupito de San José con el Niño, barrocos, del XVIII, sobre peanas, colocados en la nave del Evangelio.

Addenda y correcciones: A los lados del retablo mayor aún se consevan dos imágenes de San Pedro y San Pablo, únicas obras conservadas del imaginero burgalés Manuel Gutiérrez, que labora en Madrid a mediados del siglo XVII.

Capilla del Obispo

Cronología: 1520-1535.
Arquitecto: Desconocido.
Situación: Plaza de la Paja, s/n.

A principios del siglo XVI, don Francisco de Vargas, que pertenecía a uno de los linajes más rancios de la villa, y que ocupaba señalados cargos de responsabilidad política, decidió engrandecer la vieja y pequeña capilla, paralela a la cabecera de la parroquia de San Andrés, que había fundado mucho antes Alfonso VIII, y que guardaba el cuerpo incorrupto de San Isidro Labrador, en realidad y hasta el siglo XVII, todavía no santo. Hay numerosos puntos oscuros sobre desde cuándo reposaban aquí los restos del que, con el tiempo, sería santo patrón de Madrid, pero parece ser que entre poco después de comenzada la construcción de la capilla y 1544, en que surgen pleitos entre los Vargas, que habían sido antiguos patronos de la familia del santo, y la parroquia, que reclamó el derecho de poseer la reliquia, lo que consigue en el año citado, pasando a venerarse en el templo parroquial durante poco más de un siglo, hasta la inauguración de la posterior capilla barroca que lleva el nombre del santo. Como puede verse todo un historial de cambios y viajes para la venerable momia, que aún tendría que marchar más tarde a otros destinos.

Es con motivo de la pérdida definitiva del santo, cuando el hijo de don Francisco, que era obispo de Plasencia, don Gutierre de Carvajal y Vargas, decide convertir la capilla en panteón familiar, siendo tan malas las relaciones con la familia que se llegó a separar ambos templos, sin comunicación entre sí. Como dice Azcárate, «la reforma debió consistir en alargar (la capilla) hacia los pies y disponer en ella su propio enterramiento y los de sus padres don Francisco de Vargas y doña Inés de Carvajal, al mismo tiempo que dota a la capilla de un magnífico retablo y otros bienes». Fue desde entonces, y lo continúa siendo, oratorio particular, en espera de que alguien consiga un régimen de horario de visitas que permita la contemplación y disfrute de tan valioso conjunto como ofrece el interior de la capilla.

Es ésta una nave corta, pero muy ancha, precedida de un primer tramo con bóveda muy baja, sobre la que se dispone el coro alto, disposición muy española, y un presbiterio de forma poligonal muy abierto y apenas nada profundo. Las bóvedas son de múltiples nervaduras, espaciosas y ricas, y exteriormente el ábside, dejado libre después de la guerra, es de ladrillo, macizo, de desarrollo poligonal, siguiendo el tipo básico de las cabeceras franciscanas, con grandes contrafuertes que recorren toda la altura de la cabecera, con ventanales sólo en la zona superior, muy sencillos, con arco de medio punto, que iluminan interiormente por encima del retablo mayor. Tanto en lo exterior, el ábside, que es lo único de interés, como interiormente, la capilla presenta una arquitectura gótica muy tardía, paralela a la Catedral nueva de Plasencia, de la que el hijo del fundador llegaría a ser obispo, pero propia también de otras catedrales españolas del momento. Es bien sabido que las autoridades eclesiásticas y la nobleza más conservadora siguieron prefiriendo para sus construcciones el arte gótico, al tiempo que sólo cierta aristocracia, culta y abierta, impulsaba el Renacimiento.

Aunque la capilla del Obispo sea de las poquísimas muestras de arquitectura gótica que hayan sobrevivido en nuestra ciudad, su valor reside, sin embargo, en el conjunto excepcional de escultura plateresca castellana que guarda, conjunto formado por el retablo mayor, en madera, y los tres sepulcros, en alabastro, del obispo don Gutierre y sus padres, todo obra del escultor e imaginero Francisco Giralte, discípulo de Berruguete, realizado en la década de 1550.

El retablo mayor se distribuye en tres cuerpos, precedidos de un zócalo y banco, y rematados por un ático y un sobreático, a modo de remate. Verticalmente, la estructura presenta tres calles principales, y cuatro entrecalles o intercolumnios. El banco o predela presenta relieves de patriarcas bíblicos entre tableros decorativos. Los relieves grandes se dedican a la Anunciación y Vida de Cristo, con el Calvario arriba y el Padre Eterno, en el colofón, rodeado de acróteras, con ángeles portando los escudos de la familia. Por las entrecalles, entre columnitas, se distribuyen apóstoles y santos, y aún hay espacio para unos medalloncitos, típicamente plarerescos, con bustos, todo de orden jónico y con rico repertorio ornamental. En el zócalo, rojo sobre negro, se ven escudos y desnudos. Este retablo lo había entregado ya Giralte en 1550, y al año siguiente se contrató con Juan de Villoldo el Joven el dorado y policromado.

Hizo Giralte a continuación los pequeños cenotafios de los padres del obispo, en alabastro, que se colocaron a ambos lados del retablo, encima de puertas, siendo pequeños, con nichos entre columnas, y los bultos de los difuntos en posición orante. Giralte debió entregarlos hacia 1552, trabajando seguidamente en el grande y

complejo de don Gutierre, que se colocó a la derecha
de la nave, estructura un tanto complicada y abigarrada,
con evidente «horror vacui», pero que cautiva por el
asombroso virtuosismo de la labra, la belleza del alabastro y la riqueza inventiva de motivos y detalles, con
un tratamiento que casi puede calificarse de barroco.
Delante de un gran arco de medio punto, en cuyo fondo
hay un relieve de la Oración en el Huerto, se dispone la
estatua orante del obispo, acompañado de capellanes,
familiares y un cortejo de acólitos, quizás lo mejor de
todo el conjunto, de orden jónico, con un ático centrado
por un hierático Ecce-Homo, entre ángeles, virtudes y
acróteras. Es, en definitiva, uno de los más delirantes
productos de la escultura plateresca, tan rica en reali-
zaciones de esta índole.

LAS CARBONERAS
(Convento de Jerónimas del Corpus Christie.)

Cronología: 1604-1620.
Arquitecto: Miguel de Soria.
Situación: Plaza del Conde de Miranda, s/n.

Una descendiente de Beatriz Galindo, «La Latina»,
doña Beatriz Ramírez de Mendoza, condesa de Castellar,
fundó en 1604, en pleno corazón histórico de la villa,
un pequeño cenobio de jerónimas, sobre casas de su
propiedad, y a un paso de la vieja Plaza de San Salvador,
sede del concejo. Las obras se llevaron a cabo con
prontitud, y pocos años después ya se pudo consagrar
el templo, profesando una hija de la fundadora, que
actuó como madre abadesa. Ya en 1622 se pudo con-
tratar la obra del retablo mayor, montado ya totalmente

en 1625, aunque hasta 1630 se pagaron diversas cuentas a su cargo.

Después de los ajetreados y conflictivos dos últimos siglos de historia madrileña, en que tantos conventos han perecido, por especulación o por ceguera política, y tanto patrimonio artístico ha sido dilapidado, resulta reconfortante encontrar un conjunto que ha resistido al embate de las modas y a la incomprensión social, con un ambiente monacal y artístico que apenas se ha modificado desde los tiempos de su fundación.

La construcción del conjunto conventual apenas modificó la trama urbana del viejo barrio medieval en que se alzó, aprovechando la comunidad las anteriores casas nobles de su fundadora para ir instalando los diversos sectores de la estructura monástica. La iglesia carece de fachada principal, a los pies, y menos el muro derecho de la Epístola, el resto del templo se embute en diversas dependencias conventuales. En este muro de levante, se abre el único ingreso, una portada pétrea, toscana, sobriamente adintelada, con alero, sobre la que se sitúa el relieve obligado en toda entrada principal de convento madrileño de la época de los Austrias, con San Jerónimo y Santa Paula adorando el Santísimo Sacramento, flanqueado por un escudo repetido de los fundadores, cuyo autor se desconoce de momento, pero que pertenece a ese grupo activo de escultores que laboran en la corte, a principios del XVII, vinculados al taller escurialense de los Leoni, y tal vez obra incluso del propio autor del retablo.

El interior sorprende por su esquematismo espacial, aún ajeno a las complejidades espaciales del posterior Barroco, pero muestra representativa del momento trentino en que se levanta, con caracteres de extrema sobriedad y nula expresividad. El templo es una nave única, de salón rectangular, sin capillas, dividida en tramos por secas y lisas pilastras toscanas, sin ornamentación de ningún tipo en los alzados de los muros, cubierta por una bóveda de cañón, iluminada por lunetos en el arranque de la bóveda. La capilla mayor no sobresale en planta ni en alzado, distinguiéndose tan sólo por la elevación del presbiterio y por quedar un poco separada de la nave por un gran arco toral, a modo de pantalla. La capilla se cubre con una magnífica bóveda vaída, decorada con dibujos mixtilíneos muy planos, en todo idéntica al vestíbulo de la iglesia del Carmen calzado, obra documentada del mismo arquitecto, Miguel de Soria. En los muros del presbiterio pueden verse el sepulcro y el retrato yacente de la fundadora, guarnecidos por monumentales escudos del patronazgo pintados.

El retablo mayor es una auténtica joya del patrimonio madrileño, ya que han desaparecido, destruidos o sustituidos por otros posteriores, la mayor parte de los conjuntos retablísticos de principios del XVII, expresivos de las formas trentino-manieristas que imperan en el reinado de Felipe III. Por otro lado, el retablo muestra la perfecta síntesis entre arquitectura, escultura y pintura, característico de este período. Se desconoce el autor del proyecto, que parece muy suntuoso para lo que conocemos de Soria, y que será tal vez mejor obra del escultor Antón de Morales, autor de la imaginería, granadino, que tras examinarse en Sevilla, pasa a trabajar a Madrid, colaborando con Leoni. El lienzo central y las pequeñas pinturas del resto son de Vicente Carducho, el maestro principal de la pintura cortesana de este momento, completándose el retablo con diversas cajas en la predela para reliquias.

La iconografía del retablo es como sigue: un banco con santos en los ejes columnarios y relicarios en los estilobatos. Un primer piso corintio, muy rico, con la Cena de Carducho, en arriesgada perspectiva frontal, como otra versión coetánea de Ribalta, en Valencia, con tallas laterales de San Jerónimo cardenal y San Juan Bautista, patrono de España en aquella época, con dos cuadritos arriba de Santa Teresa y Cristo flagelado y San Francisco y el Buen Pastor, de rara iconografía. En el segundo piso, ya ático, con pilastras toscanas decoradas con motivos de candelieri, el soberbio Calvario en el centro, y a los lados tallas de San Miguel y el Ángel de la Guarda con el alma cristiana, rematado todo finalmente por un Padre Eterno y angelotes portando escudos de la fundadora.

A los lados del arco toral se disponen dos retablitos, colgados, creando aire de crucero, que son de la misma arquitectura del mayor, con un crecido número de pinturitas, que por limitación de espacio no podemos pormenorizar, pero de las que sobresalen los lienzos centrales, con San Jerónimo penitente en el de la izquierda, y Santa Paula con el niño Jesús, en el de la derecha, que parecen de manos distintas, y distinto también del estilo de Carducho en el retablo mayor.

En el muro derecho, o de la Epístola, a los pies, único retablo de esa zona, barroco, de la escuela de Cano, de hacia 1650-60, o quizá un poco antes, con cuadritos en el banco de temas franciscanos, y Cordero Pascual en la portezuela del sagrario, que Tormo consideraba de Herrera el Mozo, y que son bellísimos, y muy de su estilo. El retablo se decora con estupendas y muy plásticas ristras de hojas y granadas, en la más pura línea de Cano. Debajo, una hermosa mesa de altar, rococó, gemela de la que hay en el retablo de enfrente.

Comenzando por éste el muro del Evangelio, diremos que es coetáneo del anterior, de mediados del XVII, pero no sigue los modelos de Cano, orientándose hacia el grupo de retablos de los De la Torre, con escultura sedente de la Virgen de la Paz de finales del XVI o principios del XVII, y pinturitas muy interesantes, de tintas cálidas y oscuras, que recuerdan el taller de Francisco de Ricci, quien por cierto, como en San Plácido, coincide frecuentemente con los De la Torre. A los lados del nicho central, San José con el Niño y Santa Ana con la Virgen niña; en la predela, San Agustín y el niño de la concha, el Buen Pastor y San Martín y el pobre. El siguiente retablo es barroco-rococó, en torno a 1700, con el cuadro famoso de la Inmaculada, apodada de las Carboneras, y de curiosa leyenda, pintura manierista, no lejos de Mohedano, de finales del XVI. Finalmente, sobre el paso a la sacristía, gran cuadro con la Virgen del Rosario, con santos dominicos, dentro de un magnífico marco del mismo estilo que el retablo mayor.

En la parte superior de los muros, diversos cuadros del siglo XVII, entre ellos un Sueño de San José y un San Onofre, pero de mucho más interés es la serie de lienzos con escenas de la Vida de Jesús, de pintor anónimo pero que merece ser documentado, con curiosísimos marcos planos pintados con grandes flores, y cuyo estilo parece de la primera mitad del XVII, de colorido algo zurbaranesco.

CAPILLA DE SAN ISIDRO

Cronología: 1642-1669.
Arquitectos: Pedro de la Torre y José de Villarreal.
Situación: Plaza de los Carros, s/n.

Aunque los restos de San Isidro Labrador venían recibiendo veneración popular desde poco tiempo después de su muerte, no fue beatificado sino en 1619, y muy poco después, canonizado en el año 1622. En los años siguientes, fue afianzándose el proyecto de construir una suntuosa capilla, adjunta a la parroquia de San Andrés, depositaria de la reliquia, presentando Gómez de Mora un proyecto, que habría de haberse desarrollado paralelo a la parroquia, quedando entre ésta y la gótica del Obispo. En 1642 se convoca un concurso, presentando planos Fray Lorenzo de San Nicolás, Francisco Bautista, otra vez Gómez de Mora, y otros, entre ellos Pedro de la Torre, cuyo proyecto es preferido a los de los antes citados, figuras de enorme prestigio, poniéndose la primera piedra en 1643, en medio de gran solemnidad.

El proyecto de De la Torre obliga a cambiar la orientación medieval de la parroquia, con la cabecera al este, iniciándose el desarrollo axial de la nueva capilla en el lado del Evangelio de aquélla, una vez reorientada. Pero también se advierte lo mezquino y viejo de la parroquia, llevándose a cabo obras de renovación, y de ellas destacando el nuevo retablo mayor, obra de Alonso Cano, con esculturas de Pereira, que debe ser inmediato a estas reformas, y desgraciadamente destruido en 1936.

Las obras avanzan lentamente, y en 1657 se las impulsa con renovado aliento, en parte por la ayuda económica que aportan todas las ciudades españolas y americanas, poniéndose al frente de los trabajos, a partir de ahora, a José de Villarreal, que había sido ayudante de Gómez de Mora, con lo que finalmente el proyecto retorna al círculo de éste, ya muerto el maestro. En 1660 se contrata con Juan de Lobera la ejecución del tabernáculo-baldaquín, que contendría la urna del santo, encargándose Lobera de concluir el conjunto, a la muerte de Villarreal, lo que se consigue en 1669.

Ya Kubler, y luego la mayoría de los que se han ocupado del templo, destacó su estructura, esquemática pero extraña, pues se trata de dos enormes cubos, casi macizos, que se suceden axialmente, sin cambio de volumen. El primer cuadrado, sin portadas, hace de antecapilla al tabernáculo, y queda a mitad de camino, a medias, entre la parroquia y la capilla nueva propiamente dicha. Además, este espacio intermedio carecía de iluminación, recibiéndola abundante el segundo cubo, capilla mayor del santuario, pues aunque conserva enormes paramentos ciegos, disfruta de cúpula, ventanales y dos portadas. Sobre este volumen completamente cúbico, se alza octogonal un enorme tambor, colosal para lo acostumbrado en la escuela local, con el casquete semiesférico de la cúpula sobre un zócalo, que parece también prolongación del anterior tambor, rematándose todo con los acostumbrados linterna y chapitel.

Los paramentos de estos cuadrados, que constituyen el cuerpo doble del santuario, se dejan interiormente en ladrillo, cercando éste con parejas de enormes pilastras de orden compuesto y un entablamento salpicado de grandes modillones en parejas, como es típico en Madrid, coronándose todo por un pretil o balaustrada, decorado con guirnaldas enrolladas, mientras las esquinas son potenciadas con pares de agudas pirámides, sobre plintos, con bolas. Las esculturas de piedra en los nichos del tambor, dos por cada cara, representan a Cristo, los doce apóstoles y tres padres de la Iglesia, y fueron esculpidas por el alavés Juan Cantón de Salazar, en fecha indeterminada, pero posiblemente poco antes de ser consagrada la capilla.

Sebastián Herrera Barnuevo, siempre imaginativo y audaz, diseñó un fantástico baldaquín, cuyo proyecto nos ha llegado, exótico y extravagante, con aleros curvos y campanillas, que iban disminuyendo hacia arriba, lo que le daba un insólito aire de pagoda china, que debió resultar chocante e incomprendido, lo que unido a motivos económicos, hizo que el tabernáculo lo llevara a cabo, mucho más modestamente Juan de Lobera.

El interior de la capilla fue suntuosamente recubierto de estucos dorados, distribuyéndose el espacio de modo muy simple, mediante cuatro grandes arcos de medio punto con pechinas, que posibilitan el paso al tambor de la cúpula. Tamayo resaltó el valor de los efectos lumínicos en este segundo tramo, con toda la luz de la cúpula cayendo sobre el baldaquín. Las puertas laterales servían, en los días de fiesta, y de gran afluencia de fieles, para hacer entrar a las masas por una puerta y que salieran por otra, circulando por detrás del altar, con lo que el segundo tramo tendría a su vez calidad de camarín a ras de suelo, como apuntó Pita Andrade.

Numerosos artistas de la época participaron en el enriquecimiento decorativo de la obra, que se quiso «octava maravilla del mundo», como Juan de Villegas, que hizo las columnas doradas, Francisco Ricci, Carreño de Miranda, Francisco Caro y Alonso del Arco, que suministraron pinturas y frescos, Raimundo Capuz y Juan Ron, que hicieron imágenes, y otros que se encargaron de ángeles, bronces y estucos. El efecto era abigarrado y teatral, llamando la atención de escritores y viajeros. Hoy todo ese interior está arruinado, por la acción del fuego de 1936, y una lenta y exasperante restauración que nunca acaba, quizás nos permita recuperar algún día algo de aquella asiática riqueza, más aparente que real.

Las portadas, que miran a este y oeste, son de piedra, y pertenecen al tipo de portada-retablo, con columnas exentas, pirámides, tarjetones y entablamentos muy volados y solemnes, todo muy rico de concepto, en cuyos nichos estuvieron esculturas de la Inmaculada Concepción como madre, iconografía sevillana que Cano traería a Madrid, y San Andrés, la primera conservada, mutilada la segunda, hechas por Manuel Pereira, y sobre las puertas, pequeños relieves con escenas de la vida de San Isidro. Estas portadas se relacionan estrechamente con los retablos que los De la Torre hacen, por los mismos años, para el convento de San Plácido.

El efecto exterior, con cierta distancia, resulta, como señalaron Kubler y Bonet Correa, desconcertante. Son formas normales en la arquitectura occidental, pero su combinación resulta claramente oriental. Bonet hablaba del parecido con las grandes tumbas musulmanas, en Persia y la India, pero el gran cuadrado inferior trae a la mente también los áridos e impenetrables cubos de la Alhambra, recubiertos por dentro de filigranas y oros, tal como aquí ocurre.

EL SACRAMENTO
(Actual iglesia arzobispal castrense.)

Cronología: 1616-1744.
Arquitectos: Planta, Juan Gómez de Mora (?).
Alzados y decoración, Francisco Bautista y Bartolomé Hurtado.
Conclusión: Andrés Esteban.
Situación: c/ Sacramento, 9.

Del movido y dilatado proceso de construcción del convento del Sacramento, poco claro se sabe, ya que las noticias son confusas, y no arrojan luz en lo fundamental. Los orígenes es de lo poco de lo que puede

hablarse con seguridad, ligados éstos a don Cristóbal
de Sandoval y Rojas, Duque de Uceda, que estaba acabando su inmediato y monumental palacio, quien decide
erigir un convento anexo para monjas cistercienses en
1616, imitando la fundación del rey Felipe III, del que
era primer ministro, del convento de agustinas de la
Encarnación, en 1611, próximo al Alcázar Real. Las
obras conventuales marcharon con celeridad, pero a la
caída del valido, y en pleitos las monjas con los herederos del duque, el templo fue construyéndose con enorme
lentitud, entre parones y vicisitudes, no consagrándose
hasta mediados del siglo XVIII, iniciándose dentro de un
clasicismo contrarreformista propio de tiempos de Felipe III, y acabándose ya con numerosos toques de barroquismo avanzado, y aun de rococó.

Son muchos los arquitectos que intervienen, con diferente peso y responsabilidad a lo largo del proceso,
pero aquí damos una posible relación hipotética de arquitectos decisivos. La planta pudo proyectarla Juan
Gómez de Mora, dada su absoluta similitud espacial
con el templo conventual de la Encarnación, fundación
real, lo que además se explica porque el fundador era
valido del rey, y tenía explícito su trato con quien, desde
1611, era arquitecto real y maestro mayor de la villa, y
porque como ha probado Virginia Tovar, las relaciones
entre el arquitecto y los de Lerma-Uceda fueron estrechas, lo que precisamente le acarrearía poco después
algunos problemas con el Conde Duque de Olivares.
La planta de la iglesia responde a la neta concepción
de templo contrarreformista, de cruz latina amplia y
luminosa, sin capillas, cabecera plana, nave transversal
y desahogada cúpula, calcándose incluso para la fachada
el modelo de la Encarnación, aunque con ornamentación
barroca muy avanzada.

Algún documento prueba la intervención del arquitecto jesuita Francisco Bautista, aunque como fiador de Bartolomé Hurtado (Kubler daba a Bautista la autoría total). Hurtado contrata en 1671 con las monjas la realización del templo, pero sabemos que en contratos de este tipo se habla en términos siempre globales cuando con frecuencia son sólo intervenciones. No sólo la utilización del capitel creado por Bautista, sino la asombrosa manipulación de superficies planas que le caracteriza nos hace pensar en el jesuita, a las que sabía infundir gracia, morbidez y fantasía únicas en el Barroco local. Quien dispusiera el bellísimo alzado de muros, creó uno de los más fastuosos interiores barrocos de la ciudad, con pilastras cajeadas, carnosos capiteles de los dibujados por Bautista, superficies cajeadas de intensa y morbosa expresividad, maravillosa serie de modillones vegetales pareados, ricos y opulentos, y crucero de poderosa diafanidad bajo una cúpula inundada de luz e inspiración decorativa, con tambor ciego, casquete de segmentos y luminosa linterna, todo salpicado de ornamentación tupida y exquisita, propia del repertorio castizo de finales del XVII, con festones, guirnaldas y ristras de flores, vegetales y frutas, de fantasía y facilidad cercanas a las yeserías barrocas de los hermanos Del Olmo, de los cuales Manuel interviene parcialmente en la construcción del conjunto.

La fachada es un rectángulo vertical, limitado por pilastrones gigantes de orden toscano, y en cuyo plano se disponen un clásico pórtico de tres arcos, a modo de nártex, con relieve de escultor desconocido, de principios del XVIII, con San Benito y San Bernardo adorando el Sacramento, ventanales, y como coronación un frontón roto, decorado con ventanita y copetes. Aunque el modelo sigue en todo la fachada de la Encarnación, el repertorio decorativo es barroco y opulento, con cajeado múltiple y molduraciones gruesas y mixtilíneas. A los lados de esta fachada, dos alas bajas avanzan, creando un grato compás, como en la Encarnación y otros tantos templos locales desaparecidos. Para la fachada es lógico pensar en Andrés Esteban, que concluye el templo, no lejos de la sensibilidad rococó de Pedro de Ribera, quien también interviene parcialmente en las obras antes de que concluyan.

Después de cruzar el porche, cuyo techo se decora con fresco de angelotes, de mediados del XVIII, de hermosos azules, se penetra en el espacioso templo, que resulta al primer golpe de vista deslumbrador, sobre todo después de la última y acertada restauración. En el muro derecho, un primer retablo, romántico, con cuadro de las Ánimas, del XIX, un segundo retablo, neoclásico, con interesantísimo grupo de Santo Toribio, de mediados del XVIII, y un tercero, barroco, con igualmente curioso y raro grupo de San Pedro Claver, con negritos, de la primera mitad del XVIII.

Ya en el crucero, a la derecha, gran retablo barroco, dorado, con imagen vestida de la Virgen del Patrocinio; enfrente, en el testero opuesto del crucero, a la izquierda, retablo gemelo, con talla de la Piedad, barroca, y el mismo tema en el cuadrito del ático, cuya composición recuerda los modelos de Morales, pero mucho más tardío, de época del templo, de colorido claro e intenso.

En los machones del crucero hay dos preciosos retablitos barroco-rococós, con escultura de San Bernardo y cuadrito de la Sagrada Familia en el de la derecha, y talla de San Benito con cuadrito de San Joaquín, Santa Ana y la Virgen niña en el de la izquierda, todo de principios del XVIII.

Monumental resulta el retablo mayor, neoclásico,

con grandes columnas corintias, de finales del XVIII, que cobija magnífico cuadro con los santos fundadores de la orden adorando el Sacramento, del pintor Gregorio Ferro, contemporáneo de Goya, rematado por ángeles en estuco vidriado, que recuerdan los bellos y muy movidos de Francisco Gutiérrez.

Ya de vuelta, en el muro izquierdo, el retablo más cercano al crucero, es barroco y parecido al de enfrente, con un grupo de la Sagrada Familia, de principios del siglo XVIII, y de mediados de ese siglo, dentro de retablo neoclásico, gemelo a su correspondiente de enfrente, bellísimo grupo de San Antonio de Padua, parecido pero superior al de San Nicolás, del imaginero murciano Juan Porcel. En el último tramo, junto a los pies, bajo dosel y fondo de damasco rojo, a la usanza sevillana, extraordinario Crucificado, sevillano, del primer tercio del XVII, que sigue los modelos creados por Martínez Montañés, y que pudiera ser de su colaborador Francisco de Ocampo, de fina e incisiva talla, cerca del Cristo del Calvario, en Sevilla, de 1611, pero más suave y delicado.

Poco después de terminarse el templo, se procedió a su decoración pictórica mural, llevada a cabo por los excelentes fresquistas Antonio y Luis González Velázquez, hermanos, miembros de una destacada familia de artistas, y que decoraron numerosas iglesias madrileñas. Con la llegada de los Borbones, se puso de moda en la villa la decoración pictórica de las bóvedas de las iglesias, a la usanza italiana, pintando los hermanos González en la Encarnación, San Justo, Salesas Reales, San Marcos y en la capilla de Santa Teresa en San José. Antonio estuvo en Italia, acompañando a Conrado Giaquinto, y Luis aprendió en Madrid con Giacomo Bonavía. En el Sacramento, la pintura mural se ciñe a los rectángulos de las bóvedas, con santas cistercienses y San Juan Bautista, las pechinas del crucero, con Virtudes y los santos fundadores, y en la cúpula, con temas bíblicos, alegóricos y decorativos, cuya relación iconológica total da Tormo. Arquitectura, escultura, pintura y yeserías conforman un magnífico conjunto escenográfico barroco.

Al exterior, la cúpula aparece embutida en un potente prisma cúbico, con el interior encamonado para reducir peso y abaratar costes, procedimiento introducido en Madrid por Francisco Bautista, con tejados a cuatro aguas de pizarra y linterna monumental de remate. En 1975 se procedió al derribo del convento, y la iglesia, tras permanecer años cerrada, ha sido recientemente restaurada y convertida en iglesia castrense.

SAN MIGUEL
(Antes parroquia de los santos Justo y Pastor.)

Cronología: 1749-1745.
Arquitecto: Giacomo Bonavía.
Situación: c/ San Justo, 4.

Una de las viejas parroquias medievales, citada en el Fuero de 1202, y la de más menguada extensión parroquial. Se quemó en un incendio en 1690, proyectando Teodoro Ardemans una iglesia nueva, que no se hizo, pero que conocemos por los planos del Museo Municipal. Por curiosa y divertida historia, el infante don Luis Antonio de Borbón y Farnesio, cuando era aún niño y cardenal, por imposición de su madre, la Farnesio, decidió sufragar los gastos del nuevo templo, rico y suntuoso, que encargó al arquitecto piamontés, discípulo de Guarino Guarini, Giacomo Bonavía, que trabajaba ya en la Corte española.

El nuevo templo, construido en poco tiempo, ocupó el solar del viejo cementerio, pero el arquitecto hubo de enfrentarse al reto del estrecho suelo disponible. Elevó considerablemente los muros, y dispuso un extraño y difícil ritmo de sucesión a las grandes pilastras de la nave única, que marcan el ritmo, con una sorprendente yuxtaposición de bóvedas, en uno de los diseños rococó, más fascinantes de la escuela guariniana.

La preciosa fachada se comba convexamente para sacar más partido del estrecho frente con que se contaba, elevándola por encima del caserío de alrededor, y haciendo que se vea desde puntos lejanos (preciosas vistas desde Puerta Cerrada, el Viaducto o la Morería), emergiendo por encima de tejados ocres y buhardillas, como navegando por los cielos velazqueños del Madrid de los Austrias, con las torrecillas diminutas, atrofiadas, y el delicioso grupo de remate, con los angelotes de Michel, y abajo las armas cardenalicias. Abre una única portada, de guarnición rococó, con bellísimos batientes de madera, con relieves, y sobre la misma, medallón con el Martirio de los santos niños Justo y Pastor. Los ventanales alternan con óculos ovalados en los ejes extremos, coincidiendo con el impulso ascensional de los campanarios, y con hornacinas, donde se disponen esculturas en piedra de Virtudes, muy bien plantadas, y de buen arte. El relieve, la Fe y la Fortaleza son de Nicoló Carisana, y la Esperanza, Caridad y el grupo de remate, del francés Roberto Michel.

El interior es de nave única, con capillas laterales muy altas, que se abren ampliamente a la nave, como en el Carmine, de Juvarra, en Turín. Hay tramos mayores, con las pilastras descentradas, conformando arcos laterales convexos, con grandes bóvedas redondas, y tramos menores, con las pilastras hacia centro, creando alzados laterales cóncavos, y coincidiendo con las bóvedas cruzadas. Este sistema se prolonga en el crucero y en cabecera, con múltiples elementos que corresponden al esquema, como los medallones y combamientos del alero, que coinciden con los tramos mayores. Sobre la compleja organización espacial y rítmica de San Miguel escribe Kubler: «... la planitud hispánica y la variedad italiana entran conflicto y se resuelven en un incómodo compromiso. El convexo plano de la fachada permite que las torres aparezcan diagonalmente en relación con el eje principal de la nave. Sin embargo, todas las relaciones tectónicas de pilastras y entablamentos son académicamente correctas. Sólo los marcos de puerta y ventanas muestran variaciones ornamentales en curvados dinteles y frontones. En las bóvedas de la nave, crujías cupuladas alternan con crujías de crucería, en una original variación del prototipo de Guarini, donde las crucerías aparecen en todas las crujías, excepto en el transepto. El efecto visual es extraño: poderosos miembros estructurales dispuestos sesgadamente continúan en las pesadas fajas, mientras las enjutas y lunetos muestran una delicada decoración de rocalla en diferente escala. La disposición sesgada de las pilastras bajo las bóvedas permite a los muros de la nave acentuarse centralmente y retirarse lateralmente frente a las someras capillas. Sin esta composición, la nave parecería un diseño monótono de repeticiones segmentadas». La cita ha sido larga, pero confiamos que esclarecedora.

Los retablos de las capillas, unos convexos, y otros cóncavos, los del crucero y el de la capilla mayor, no están documentados como de Ventura Rodríguez, pero deben serlo, pues tienen todo su estilo, aunque su sintaxis no está en todos bien trabada, y además Ventura fue arquitecto del infante don Luis Antonio, trabajando mucho para él, y construyéndole su palacio en Boadilla del Monte. Estos retablos tuvieron preciosas imágenes de escultores madrileños de mediados del XVIII, hechas cuando la iglesia se termina, como Luis Salvador Carmona y Juan Pascual de Mena. Increíblemente, fueron retiradas después de la guerra, y sustituidas por incomprensibles vidrieras con diseños (!) inspirados en el Cuatrocento italiano, pero algunas se salvaron de la barbarie: la deliciosa Santa Librada, el Cristo, ambos por Carmona, y el San Diego de Alcántara, antes considerado San Pascual Bailón, por Mena. El Cristo se conserva en la pequeña capilla de la izquierda, a los pies, nada más entrar. Es mórbido de modelado y sereno de expresión, diferente en esos dos conceptos al que Carmona hizo para los Jesuitas de Madrid, hoy en el Museo de Valladolid, más clásico de talla pero más angustiado de expresión.

Los estucos, muy abundantes, son de Roberto Michel, y los medallones y ángeles de estuco del ábside son de Pedro Hermoso, todo dieciochesco. El cuadro primitivo del altar mayor se perdió, y era obra de los hermanos González Velázquez, que se encargaron aquí de pintar parte de los frescos de bóvedas, en 1753, trabajando juntos los tres, como en las Salesas Reales por los mismos años. El cuadro del ábside se sustituyó, a finales del siglo pasado, por otro de San Miguel, cuando se cambia la denominación parroquial, pintado por Alejandro Ferrant, bastante bueno y magnífico de color, siendo más modernos, incluso, los dos grandes del crucero, del vasco Hastoy. Pero antes, ya el pintor italiano Bartolomeo Rusca inició la realización de frescos, en 1745, pintando las pechinas, cuyos temas da Tormo, el platillo central de la nave, con la Gloria de los santos Niños, y el Martirio de los mismos, sobre el crucero, en la cúpula, y ya de los González Velázquez, las partes de la capilla mayor y los medallones en grisalla, monocromos, de los entablamentos. Modernamente, intervino también Hastoy, pintando los gajos de los tramos primero y tercero, y completando los brazos del transepto.

SANTIAGO
(Actual parroquia de Santiago.)

Cronología: 1811.
Arquitecto: Juan Antonio Cuervo.
Situación: Plaza de Santiago, s/n.

Mencionada como una de las diez parroquias de la villa, en el Fuero de 1202, se procedió a su derribo por orden de José I, en 1808, dentro del plan de reformas urbanas del entorno del Palacio Real, con el fin de crear suelo público, lo que dio lugar a la actual plaza. Sin embargo, el propio monarca posibilitó el levantamiento de una parroquia nueva, más pequeña, y ocupando parte del solar de unas edificaciones también derribadas.

El proyecto se encomendó al arquitecto neoclásico Juan Antonio Cuervo, contemporáneo de Villanueva, y que debió sentirse orgulloso de su templo, pues aparece portando los planos de la iglesia en el retrato que le hizo Goya, en 1819, y que hoy se halla en el museo norteamericano de Cleveland. No ha sido un proyecto muy afortunado para la crítica posterior, que lo vio siempre áspero y mal trabado, y algo de razón hay en ello, pues los dos grandes errores de Cuervo, al menos

para quien esto escribe, fue no incluir un pórtico columnario tetrástilo, en vez de las áridas pilastras embutidas en el muro, y colocar encima un pesado ático,
falto de toda gracia o finura arquitectónica.

La fachada tal como la vemos presenta un cuerpo
central compuesto de las cuatro pilastras citadas, sobre
un plano macizo de ladrillo, cortado por menuda imposta, bajo un correcto entablamento dórico. Como los
cuerpos laterales actúan a modo de antas, hubiera resultado muy hermoso la inclusión de un peristilo, rematado con ático o sin él, por un frontón clásico del mismo
ancho que el pórtico, para lo que tenía dos antecedentes
soberbios, la fachada norte del Museo del Prado y el
pórtico de la Universidad de Toledo, de Villanueva y
Haam respectivamente. Tal vez se vio forzado a macizar
el pórtico, apilastrándolo, por el exiguo solar de que
disponía, aunque el interior no habría sufrido mucho
con la amputación del brazo de los pies, pues el que
levantó apenas sí tiene peso en el espacio total de dentro.
La fachada, muy monótona de plano general, presenta
cajeados muy de Villanueva, pero unos almohadillados
laterales que aún recuerdan a Sabatini, y se ornamenta
sobre la puerta adintelada, con ménsula y ligero alero, con un relieve, muy movido, casi barroco, de Julián
San Martín, representando a Santiago en la batalla de
Clavijo.

Para el interior Cuervo escogió una planta de cruz
griega, muy angosta, cercada por un deambulatorio sólo
angular, o sea, que se interrumpe en los brazos de la
cruz. El conjunto, ya de por sí seco y desabrido, se
empeora aún más por la cúpula, potente pero sin tambor,
lo que produce la carencia de un sólido apoyo. De
tradición barroca, pero más ligera y de mayor riqueza
espacial, hubiera resultado una planta oval o elíptica,

incluso admitiendo capillitas angulares, donde hoy el deambulatorio, pero quizás una solución así repugnara a un arquitecto convencidamente neoclásico.

Menos las obras que sobrevivieron de la primitiva parroquia, muy pocas, y algunas que proceden de la cercana, y también derribada por orden de José Bonaparte, parroquia de San Juan, la mayor parte del patrimonio artístico parroquial es del siglo XIX, pero resulta interesante en su iconografía. Lo más sobresaliente es, a primera vista, el gran cuadro del altar mayor, con Santiago en la batalla de Clavijo, salvado de la antigua iglesia, y que al igual que ahora, centraba el viejo retablo mayor. Es obra del pintor Francisco de Ricci, fechado en 1657, y que según Camón Aznar resulta «aparatoso y abarrocado», de impetuoso colorido y crispado movimiento de fuerte diagonal. A los lados, esculturas de los cuatro padres de la Iglesia, en blanco y oro, que son de Julián San Martín, el escultor que trabajó en colaboración con Cuervo, y como toda su obra, cargada de tradición barroca.

En el centro del intreior, en los machones cupulares, se disponen altares vitrinas, donde encontramos, dando la vuelta de derecha a izquierda, la Virgen de la Esperanza, de vestir, interesante talla de Santiago peregrino, anónima, la Virgen de la Fuencisla, de Salvador Páramo, y San José con el Niño, que no parece ser el que según Tormo procedía de San Juan. Encima, con el mismo orden, San Ramón, muy bueno, un santo sin identificar —alguno de los muchos vinculados a la Virgen, quizás San Ildefonso o San Pedro Nolasco—, magnífico de color, San Julián obispo de Cuenca, de Maella, y San Fernando entrando en Sevilla, todo, imágenes de abajo, y pinturas de arriba, de principios del XIX, recién acabado el templo.

Comenzando el recorrido por el deambulatorio, y siempre de derecha a izquierda, imagen barroca, de fines del XVII, de San Juanito, regordete, procedente quizás de San Juan, Calvario, nada excepcional, y en el crucero de la derecha, al fondo, sobre arco ciego, el bellísimo lienzo del Bautismo de Cristo, que estuvo en el altar mayor de la vieja parroquia de San Juan, poco posterior a 1683, y obra magnífica de Juan Carreño de Miranda, de hermoso colorido, claro y untuoso, y tintas deshilachadas, representativo del estilo cálido y suelto del gran pintor asturiano.

En ese mismo crucero de la derecha, en un rincón, y dentro de altarcillo vitrina, una curiosa talla de San Julián obispo de Cuenca, y al otro lado ya, antes de la sacristía, la Beata Mariana de Jesús, de Julián San Martín, de principios del XIX, santa madrileña nacida en el barrio, y que es la primera interpretación artística de esta beata. Delante, sobre la mesa, la Virgen de la Paz, sedente, pequeña talla curiosa, quizás del XIX. En los dos altares grandes del crucero, a cada lado, en retablos neoclásicos, ya algo románticos, un grupo de la Virgen del Carmen, bueno, y la Virgen de la Salud, de vestir, a la izquierda.

Completando el deambulatorio, en el último tramo antes de retornar al ingreso, pequeñas tallas de San Antonio de Padua, rococó, del XVIII, y San Juan Nepomuceno, el santo de Praga, quizás del XIX, aunque su devoción se extendió en el XVIII.

La decoración pictórica de las pechinas y de los gajos de la cúpula es muy interesante, y notable en Madrid, donde tan poca pintura simbolista hay, con los Evangelistas en las pechinas, y escenas de las vidas de San Juan y Santiago en la cúpula, ciclo iconográfico que se completa con los martirios de los dos santos, a derecha e izquierda, en la parte alta del crucero, junto a la cabecera. Desconocemos el autor de este conjunto tan interesante y homogéneo, pareciendo todo de la misma mano, pintura la simbolista religiosa muy poco valorada por la historiografía hasta hace poco, permanece a la espera de estudios e investigaciones que permitan la reconstrucción crítica de este movimiento en España, del que es una perfecta representación el presente conjunto.

Addenda y correcciones: Según Pérez Sánchez, el lienzo de Carreño se pintó para un altar colateral del viejo San Juan.

II. LOS ARRABALES MEDIEVALES

SAN GINÉS

Cronología: Iglesia primitiva, siglos XV-XVI.
     Reforma, 1642-1672.
Arquitecto: Reforma, Juan Ruiz.
Situación: c/ Arenal, 13.

Considerada tradicionalmente como la primera parroquia que surgió, a extramuros de la muralla cristiana del siglo XII, en el arrabal de San Ginés, junto al barranco del arroyo del Arenal, al norte de la villa medieval. Esta primitiva parroquia, de algún momento indeterminado de la baja Edad Media, quizás levantada sobre algún anterior humilladero o ermita, se desplomó en 1641, encargándose Juan Ruiz de su reconstrucción, y realizando también la majestuosa torre, la mayor del Madrid barroco, y la contigua capilla de la hermandad del Cristo. La existencia de tres naves y de una alta e importante torre, elementos inusuales en el Barroco local, puede deberse a su carácter de parroquia, que los hacía necesarios, o bien a la existencia anterior de los mismos, propios del XV o del XVI. El estilo de la torre y del interior, pues las fachadas originales se han perdido por completo, es muy seco y arcaico, sin ornamentación de ningún tipo, con pilastras toscanas muy puras.

El interior es, como se ha dicho, de tres naves, separadas por arcos de medio punto, altos, y altas las naves laterales, diferente del modelo conventual. La verdad es que las pocas parroquias del Madrid de los Austrias han desaparecido o son irreconocibles, como San Lorenzo, Santa Cruz o San Sebastián, con lo que no podemos conocer realmente el modelo parroquial del Barroco madrileño, que quizás no existió, pues las parroquias citadas eran, en casi todos los casos, edificios humildes de la baja Edad Media. La cúpula carece de tambor, las naves transversales son cortas pero muy anchas, albergando dos capillitas en cada lado, y la cabecera convencional dentro de lo madrileño. Ésta contenía el retablo mayor, diseñado por Herrera Barnuevo, como marco del gran lienzo de Francisco Ricci, con el Martirio de San Ginés, pintado en 1672, al acabarse las obras del templo, y perdido en el incendio del siglo XIX.

Este incendio destruyó las numerosas pinturas y esculturas de la época de los Austrias, y los retablos y capillas fueron rehechos en el XIX, en estilo neoclásico-romántico. En la primera capilla del lado derecho, la del Caimán, por simpática leyenda, esculturas del XVII y XVIII, un San José, un San Juan Bautista y un pequeño San Antoñito de Padua. Ya en el crucero, todavía en el muro de la Epístola, en la capilla quinta, cuaddro de San Jerónimo, del XIX, no malo, y un busto, excepcional, con maravillosa policromía, del mismo santo, de cardenal, de Juan Alonso Villabrille y Ron, una de las mejores tallas que se conservan en Madrid de la imaginería clásica española, de principios del XVIII, y en la capilla siguiente, la última, ángeles andaluces, de finales del siglo XVII o principios del XVIII.

Los tres retablos principales se hicieron tras el incendio de 1824, en estilo neoclásico-romántico, con San José, por Juan Adán, estupendo, de rara disposición en el Niño Jesús, y San Joaquín y Santa Ana, más rígidos e insulsos, en el retablo del crucero de la derecha, y en el de la izquierda, a los lados, Santo Domingo de la Calzada y Santo Domingo de Silos, por Valeriano Salvatierra, y según Tormo, suya también la Virgen de Valvanera. En el incendio citado se quemó el Martirio de San Ginés, gran lienzo de Ricci, del que se hizo una copia exacta, que es el que hoy se halla en la capilla mayor.

Completando el recorrido por la otra nave, la del lado izquierdo, en el primer tramo, sobre la puerta o arco de ingreso a la capilla del Cristo, hoy inutilizada, y en evidente sitio inoportuno, un precioso San Juan Bautista, de Juan Pascual de Mena, y enfrente, Crucificado, interesante, de anatomía convencional pero de bellísima cabeza, del XVII o XVIII. En la primera capilla, retablo neoclásico-romántico, una Virgen moderna, pero con un delicado medallón en el ático, en estuco, con la Educación de la Virgen, además de ángeles también en estuco, de principios del XIX, de buen arte todo, diseño y labra, y en la siguiente capilla, la famosa de los Barrionuevo, interesantísimo retablo del XVII, con bustos-relicarios de santos y santas, iconográficamente una joya y una rareza, aunque en su tiempo fueron relativamente frecuentes, además de la estatua orante de uno de los miembros de la familia (Tormo dice que el padre del escritor de los curiosos y divertidos «Avisos»), cercana a las de Juan Bautista Monegro, de principios o mediados del XVII.

La parroquia de San Ginés se convirtió en el XIX en la más importante y frecuentada por la burguesía madrileña, dada su privilegiada situación entre el Senado, el Teatro Real, la calle Mayor y la Puerta del Sol, zona muy transitada y comercial. Al perderse la vieja de San Juan, y quedar ésta cerca del Palacio Real, pasa a ser la parroquia de Palacio, siendo protegida por la reina Isabel II. Además de toda la reconstrucción decimonónica, de esa época datan las lámparas de brasero, en metal, más sencillas que las coetáneas de San José, pero muy elegantes, y las tribunas reales, cuando antes no las había.

Con entrada independiente hoy, a los pies y en posición cruzada, se encuentra la pequeña Capilla del Cristo, diseñada también por Juan Ruiz, y construida entre 1651 y 1659, diminuta y recogida cruz latina, con muros recubiertos de piedras de colores oscuros, de una suntuosidad ascética y grave, con orden toscano como el templo grande, verdadero museo de pintura y encantador tesoro del patrimonio madrileño.

Comenzando el recuento de obras de arte por los pies, sobre peanas, enfrentados, bustos o medio cuerpos, mejor, de Ecce-Homo y Dolorosa, grandotes y no muy finos, pero curiosos, de fines del XVIII, la prodigiosa Expulsión de los Mercaderes, por El Greco, según Wethey con colaboración de Jorge Manuel, y fechable según este estudioso en 1610-1614, y el boceto de Ricci para el Martirio de San Ginés que se quemó.

En el crucero, a la izquierda, Camino del Calvario, por Cabezalero, y Piedad, por Alonso del Arco, de la segunda mitad del XVII, y en la derecha, Cristo antes de ser crucificado, o de la Humildad y Paciencia, por Alonso Cano, obra maestra de en torno a 1645, y una Inmaculada, quizás de Antolínez, que Tormo fecha en 1690.

El altar mayor guarda el Cristo de la Agonía, por Alfonso Bergaz, bueno, pero no tanto como la pinacoteca que aquí se guarda, y de finales del XVIII. Preciosos resultan los Ángeles de candelería, en el altar, que merecerían para Tormo ser de los Leoni.

En la parroquia de San Ginés fue bautizado Lope de Vega, que nació muy cerca, casóse Francisco de Quevedo, y recibió sepultura Tomás Luis de Victoria. El porche del jardín que se abre a la calle Arenal se hace a finales del siglo pasado, y la puerta de la fachada de los pies, en almohadillado dentado, en el siglo XX, después de la guerra.

San Sebastián

Cronología: Iglesia primitiva, siglos XV-XVI.
Reconstrucción, década 1950.
Arquitectos: Capilla de Belén, Ventura Rodríguez, 1780-1790.
Capilla de los Guardias, Juan Pedro Arnal, 1793.
Situación: c/ Atocha, 39.

La iglesia de San Sebastián surgió en el camino de Vallecas, en algún momento del siglo XV, quizás sobre una anterior ermita, pasando a ser pronto auxiliar de la parroquia arrabalera de Santa Cruz, pero el imparable crecimiento urbano y poblacional que la ciudad experimentó a lo largo del siglo XVI la convirtió en poco tiempo en parroquia independiente (1541-1550). Favorecida por donaciones y particulares, y sede de numerosas cofradías, el templo se convirtió en uno de los más populares y frecuentados, en parte por su situación totalmente céntrica. La abundancia de capillas acabó, como dice Tormo, empequeñeciendo la verdadera parroquia, pues como puede verse en las viejas fotografías, el exterior era un abigarrado conjunto de cúpulas, torrecillas y chapiteles. Aquí se asentaron las hermandades de Ntra. Sra. de la Novena, de los cómicos o actores, la penitencial de la Misericordia, la de Belén, de los arquitectos, o la del Cristo, de los guardias.

La parroquia acabó teniendo dos portadas, motivando esto la ironía de Galdós en «Misericordia», una a los pies, en la antigua calle del Viento, hoy de San Sebastián, y otra en la de Atocha, del círculo de los Churriguera, con escultura del santo, en piedra, por Carmona, que movió las iras y chascarrillos de los neoclásicos, y que hoy no es más que un enorme y desangelado portalón. La escultura del santo, por Carmona, fue colocada, después de la guerra civil, en la recompuesta portada, hoy inutilizada, de la calle San Sebastián.

Como consecuencia de los sucesos de 1936 la parroquia quedó completamente destruida, decidiéndose su reconstrucción completa en la década de 1950, pero sin guardar la menor fidelidad a la vieja, en parte porque arquitectónicamente no debía ser de un manifiesto interés. La nueva construcción se levantó según el proyecto del arquitecto Francisco Íñiguez Almech, en un estilo muy influido por las experiencias neo-historicistas de Luis Moya Blanco, autor de las universidades laborales de Gijón y Zamora, en forma de una iglesia de espacio circular único, para favorecer la participación colectiva de los fieles.

Las únicas obras de arte que tienen algún interés en el interior son: el San Sebastián, en el nuevo altar mayor, que parece ser, restaurado, el que hiciera en madera policromada, Luis Salvador Carmona, el cuadrito, muy lindo, de la Virgen velando al niño Jesús, conocido como Virgen de la Novena, de la famosa hermandad de actores, de simpática leyenda, que no es el primitivo, sino otro de la segunda mitad del XVII, de estilo muy cálido y flamenco, que ya no se venera en capilla, sino en un altar, y el rehecho Cristo de los Guardias, atribuido a José Piquer, del XIX, que Pardo Canalís rechaza, y objeto de escabrosa y curiosísima leyenda.

Por un gran arco que hoy se abre en el lado de levante, donde antes se disponía la cabecera, podemos pasar a un conjunto de capillas, que fueron reconstruidas, después de la guerra, guardando fidelidad a las anteriores. Son a la derecha, la de Belén, de los arquitectos, enfrente la moderna del Sagrado Corazón, según unos de los Guardias, y según otros de los Notarios, y a la izquierda, capilla dedicada a la Virgen, imagen de vestir, que guarda dos lienzos de Luca Giordano, de fines del siglo XVII, muy suyos, que antes estaban en la desaparecida capilla de la Misericordia. Aunque la capilla actual fue reconstruida, su ornamentación, sospechosa, no parece que fuese fiel a la primitiva.

La del frente, muy interesante, está hoy dedicada al Sagrado Corazón de Jesús, y fue obra, en 1793, del arquitecto de origen francés, nacido en Madrid, Juan Pedro Arnal, que llegó a ser uno de los personajes más influyentes, a finales del XVIII, en la vida artística de la Corte, y autor de obras como la Imprenta Real, la Casa de Postas y el Palacio de Buenavista. Es la capilla un pequeño pero elegantísimo salón rectangular, con pilastras corintias, abovedado con bóveda de cañón, y rematando en un testero plano, cubierto por un medio punto decorado con casetones y rosetas. La decoración es muy limpia y exquisita, con guirnaldas, motivos foliáceos, frisos y cogollos, cerca ya del estilo Imperio.

Auténtica obra maestra es la capilla de Belén, comenzada por Ventura Rodríguez, en 1780, y concluida, tras la muerte del arquitecto, por su primo Manuel Blas Rodríguez. Es una cruz griega, no perfecta, con los tramos de los pies y cabecera más profundos que los del crucero. Soportan todos, mediante unas maravillosas pechinas, con ángeles y palmas de estuco, una preciosa cúpula, completa, con tambor, casquete y linternilla, todo ornamentado con un repertorio internacional exquisito, con querubines, festones, guirnaldas y los motivos propios del orden corintio, del que se dibujan opulentos y carnosos capiteles. Ventura Rodríguez diseñó también la decoración de altares y mobiliario, irremediablemente perdidos en 1936, presentándose hoy el hermoso ámbito, desnudo, como una caja de cristal, aunque quizás esto nos permita paladear mejor la extraordinaria sutileza y delicadeza de toda la decoración, auténtico canto de cisne del arquitecto, que murió en plena construcción de la capilla, siendo trasladados sus restos, posteriormente, desde la parroquia de San Marcos, a la cripta en la que también han recibido sepultura otros muchos arquitectos, como Villanueva o Muguruza. La capilla permanece cerrada la mayor parte del tiempo, pero gracias a una inmensa mampara de cristal puede contemplarse cómodamente su interior, en el que sólo se guarda un grupo en madera policromada, que se salvó del fuego por hallarse en la cripta, representando la Huida a Egipto, advocación de la capilla, que tradicionalmente ha venido siendo considerado como de Carmona, pero que para alguno sería de Manuel Álvarez, y para otros de Julián San Martín. Es más neoclásico, en efecto que lo conocido de Carmona, mucho más mórbido y movido, pero bellísimo de factura, expresión y color. El testero plano del presbiterio se decoró, después de la guerra, por un fresco moderno de interés. La capilla goza de la condición de monumento nacional.

DESCALZAS REALES

Cronología: Primera iglesia, 1560-1565.
　　　　　　　Reforma, 1755.
Arquitectos: Primera iglesia, Juan Bautista de Toledo.
　　　　　　　Reforma, Diego de Villanueva.
Situación: Plaza de las Descalzas, s/n.

El muy conocido monasterio de franciscanas descalzas fue fundado por la hermana del rey Felipe II, en 1560, mucho tiempo después de quedar viuda del rey de Portugal, y habiéndosele muerto su hijo Sebastián, en Alcazarquivir. Renunciando a todo, vino a recluirse en la ciudad, aún no Corte, en que su madre la emperatriz Isabel la había dado a luz, y haciendo la fundación precisamente en el mismo lugar en que había venido al mundo, el antiguo palacio del tesorero de su padre, don Alonso Gutiérrez. Las obras consentían ya la morada en 1564, porque habían consistido en arreglar el antiguo edificio palacial, adaptándolo a monasterio.

El convento, ciertamente el más rico de Madrid, no será objeto ahora de nuestro interés, sino su iglesia, atribuida de antiguo al iniciador del Escorial, Juan Bautista de Toledo, pero la fachada, creída siempre suya, con desigual fortuna crítica, puede ser más bien de Gómez de Mora, según Virginia Tovar, pues Mora trabaja en la zona de los pies del templo, al menos en 1612. La fachada es apaisada, dividida en cajas, a su vez placadas, alternando ladrillo de fondo con piedra en los detalles y guarniciones, coronada por un frontón clásico, muy rebajado, con óculo dentro.

La iglesia fue redecorada en 1755, por haber sufrido algo en un incendio desatado por el terremoto de Lisboa, encargándose de la restauración Diego de Villanueva, hermano mayor de Juan, escritor y personaje de influencia en la Academia de San Fernando, pero que construyó muy poco, con lo que la arquitectura española ha perdido poco, pues nada notable es este interior, redecorado en dórico, con detalles rococó de angelotes y guirnaldas.

En 1862 sufrió otro incendio, que se llevó por delante el soberbio retablo mayor de arquitectura, pintura y escultura, en el que trabajaba Gaspar Becerra en 1565, pieza magistral de nuestro Renacimiento, y que podemos imaginar gracias al proyecto original de Becerra, que se guarda en la Biblioteca Nacional. Se trasladó, para sustituirle, un gran retablo que había en el crucero del antiguo templo del Noviciado de Jesuitas, en la calle San Bernardo, hecho en 1712, en tiempos de Felipe V, cuando se sube a lòs altares al jesuita francés Juan Francisco de Regis, con escenas de la vida del santo, donde trabajaron artistas romanos, labrado todo allí, y luego aquí montado, con el relieve central de la Apoteosis del santo, por Camillo Rusconi, y ángeles, por Gambetti. Ya el retablo en su nueva ubicación, la comunidad encarga relieves y complementos, de temática franciscana, a finales del XIX, a José y Ricardo Bellver, padre e hijo.

Los retablitos colaterales, mirando a los pies, y son de Diego de Villanueva, albergando dos preciosos cuadritos de Becerra, de entonaciones típicamente manieristas, de color frío y metálico, con San Sebastián, en recuerdo del hijo de la fundadora, y de San Juan Bautista.

En un pequeño ámbito, a la derecha del presbiterio, y mirando hacia el altar mayor, pero escondida de la nave del templo, como imitando la disposición de las habitaciones privadas de Felipe II en El Escorial, a la altura del presbiterio, se encuentra el cenotafio escultórico de doña María, la fundadora, con estatua orante de mármol blanco, quizás lo más suave de modelado y sentido del gran escultor italiano Pompeo Leoni, autor de los grandes sepulcros de la capilla mayor del Escorial.

Antes de concluir, recordemos que de esta iglesia fue organista y maestro de capilla, el inmenso músico y polifonista español Tomás Luis de Victoria, quizás la cota más alta de la música española, ardiente y profundo, místico y exacto, llama de luz que rompe y disuelve el silencio, haciéndolo música, y a la música silencio.

LA ENCARNACIÓN

Cronología: 1611-1616.
Arquitectos: Fray Alberto de la Madre de Dios y Juan Gómez de Mora.
Situación: Plaza de la Encarnación, s/n.

A la vuelta de la Corte a Madrid, después de la breve permanencia de ésta en Valladolid, entre 1601 y 1606, por intereses del Duque de Lerma, se evidenció la necesidad de que la ciudad contase con un gran edificio religioso, a modo de catedral, cercano al Alcázar Real, donde la Corte pudiese celebrar cultos y ceremonias representativas de su rango. Gómez de Mora elaboró proyectos de una catedral, en el barrio de San Juan, inmediato al Alcázar, que no pasaron del papel. La intensa religiosidad de los reyes, Felipe III y su esposa doña Margarita de Austria, que tocaba casi la beatería, les llevó a fundar un convento de agustinas, frontero al Alcázar, y comunicado con éste mediante un pasadizo secreto, decorado magníficamente, que recibió la advocación de la Encarnación.

Aunque ciertos documentos demuestren la intervención del arquitecto carmelita Fray Alberto de la Madre de Dios, ésta debió ceñirse a la dirección de las obras, práctica bastante frecuente en la época, pues la tradición y el análisis arquitectónico remiten a Gómez de Mora, convertido en arquitecto real tras la muerte de su tío Francisco de Mora, así como en maestro mayor del Concejo. La vinculación con el de Lerma, heredada de haber sido su tío el arquitecto y urbanista de la villa ducal en tierras castellanas, le permitió controlar las grandes obras que impulsaba la Corona. Sabemos por otra parte, que en numerosas ocasiones, Gómez de Mora suministraba proyectos, que otros llevaban a cabo, práctica que era habitual en otras figuras como Bautista o Fray Lorenzo de San Nicolás, entre otros motivos porque las múltiples ocupaciones de los grandes arquitectos de prestigio les impedía permanecer a pie de obra.

La construcción se levantó con grandes medios, y la decoración se hizo sin regateos, encargándose al pintor Vicente Carducho y al imaginero Juan Muñoz las pinturas y esculturas, diseñando posiblemente Gómez de Mora los tres grandes retablos del crucero, que como dice Tormo en Madrid se hacían a la vez, nada más concluirse el proceso constructivo. Es casi seguro que el orden primitivo del interior fuese el toscano, dominante en Madrid en la primera mitad del XVII, y presente en la monumental fachada. Sin embargo, la decoración primitiva se perdió por completo en el incendio que sufre el interior en 1755, como consecuencia del terremoto de Lisboa, y la reconstrucción que entonces se lleva a cabo, bajo proyecto de Ventura Rodríguez, sin modificar el espacio, alteró el estilo y la ornamentación originales.

La fachada, que no sufrió alteraciones en el incendio, es la que diseñara Gómez de Mora, y viene siendo considerada como el punto de partida de la arquitectura madrileña religiosa de los Austrias. Su modelo se convirtió en el más imitado, no sólo en la ciudad, sino en parte de Castilla, y consistió en un rectángulo vertical, limitado lateralmente por pilastrones, y rematado por frontón, con un pórtico de tres arcos en el ingreso, más ventanales dando al coro alto de los pies, escudos de los fundadores o de la orden monástica, y motivos escultóricos —relieve o escultura exenta en nicho—. La fachada de la Encarnación se hizo toda placada en piedra —granito—, pero en las muchas imitaciones se combinaba, con frecuencia, zonas de granito con fondos pasivos de ladrillo, lo que abarataba el coste de construcción. Aquí vemos, sobre el nártex, un relieve con la Anunciación, obra de Antonio de Riera, del círculo de los Leoni, y dos escudos muy bellos, de fina labra, de la reina Margarita, verdadera impulsora de la fundación, que murió antes de ser ésta consagrada. Dentro del frontón, óculo, y sobre el primero, bolas y cruz pétreos, de fuerte sabor escurialense. A los lados de la fachada sobresalen, avanzando, dos pequeñas alas de arquitectura tradicional toledana, a base de ladrillo y bandas horizontales de argamasa y pedernal, con portadas que parecen de Ventura, lo que hace que se cree una plazoleta o compás, cerrado con reja, permitiendo una holgada perspectiva de la fachada, recurso que también creó escuela.

Este tipo de plazoleta, así como el diseño básico de la fachada, fueron utilizados ya por Francisco de Mora, a principios de siglo, en el convento carmelita abulense de San José, pero con el nártex avanzando, a modo de galería, y con una manipulación de elementos más clásica y sosegada. A pesar de la sobria elegancia de la fachada del convento madrileño, ya Kübler demostró cómo aquí se encuentra una intensa y apretada dinámica estructural y compositiva, que evolucionando, culminará en las movidas superficies activas de los arquitectos madrileños de la segunda mitad del XVII. La activación de las superficies, el cajeado de los muros, y la articulación de ritmos espaciales basados en órdenes de pilastras, mediante módulos cuadrados, aparecen por primera vez resueltos de forma plena y madura en el convento madrileño que nos ocupa.

Para el interior, Gómez de Mora adoptó la planta que se consideraba, tras el Concilio de Trento, como la más idónea y funcional para los cultos de la Contrarreforma, la cruz latina de una sola nave, con o sin capillas, cortada por otra nave transversal, considerablemente más corta, cabecera plana con presbiterio alto, y cúpula amplia y diáfana sobre el crucero o intersección de las naves. Los retablos y la arquitectura originales desaparecieron en el citado incendio, procediendo Ventura Rodríguez a la remodelación de ornamentación y retablos, sin alterar el espacio primitivo de la iglesia del siglo XVII.

Ventura sustituyó el toscano de las pilastras por capiteles jónicos, tan del gusto de la arquitectura académica de mediados del XVIII, con los fustes acanalados, y sobre un bellísimo entablamento de mutilos y ovas, levantó bóvedas de casetones hexagonales con rosetas interiores, con profusión de oros, ovas y labores de cadeneta. Se pintaron las pechinas, cajas centrales de bóvedas y la cúpula, a cargo de los hermanos González Velázquez, dentro del estilo franco-italiano que se. generaliza en Madrid con el cambio dinástico de los Borbones. Ventura reaprovechó también los grandes lienzos de Vicente Carducho, pero adaptándolos a nuevos retablos, y decoró el anillo de la cúpula con un inolvidable friso de angelillos, querubines, discos y guirnaldas, en estuco, imitando las cerámicas o porcelanas blancas, bizcochos, ingleses, con un alero de modillones y metopas. La decoración de los muros y parte de las bóvedas, en estuco, rica y suntuosa, se encomendó al maravilloso estuquista y escultor francés Roberto Michel, que salpicó el interior de deliciosas guirnaldas, festones y angelotes, conformando el más opulento repertorio decorativo barroco franco-italiano de la ciudad.

La nave nunca tuvo capillas, aunque en los muros se recorten, retranqueados, arcos de medio punto, que debieron cobijar, antes de la reforma, retablos, y que Ventura sustituyó por grandes cuadros. Éstos narran la vida de San Agustín, y fueron pintados a competencia, como dice Tormo, siendo sus temas y autores como siguen: entrando, a la derecha, San Agustín mostrando la Verdad a los donatistas, por Ginés de Aguirre, y la Muerte de San Agustín, por Francisco Ramos. En el muro del Evangelio, a los pies, el Misterio del agua en la playa y San Agustín, por Gregorio Ferro, y San Agustín dando a los necesitados, por José del Castillo, todos pintores del tercer cuarto del siglo XVIII, y lienzos pintados después de la remodelación del templo. El tramo intermedio, en cada muro, se ocupa con una tribuna-balconcillo, ya que la iglesia es de patronazgo real, y el presbiterio carece de ellas. El púlpito y los confesionarios, muy elegantes, y de planos quebrados,

fueron también diseñados por el arquitecto de Ciempozuelos.

Los retablos del crucero, frontales, como es mayori-
tario en Madrid, son realmente cuadros-altar, con leve
banco, y remate a modo de segmento muy movido de
frontón, con preciosos angelotes de estuco. Los lienzos
son los antiguos, que Carducho pintara a principios del
siglo XVII, con San Felipe y Santa Margarita, en homenaje a los reyes fundadores.

El retablo mayor es una estructura convexa, de plano
roto, con parejas de columnas corintias, zonas doradas,
y mármoles rosas, sobre alto banco, a base de un gran
cuerpo, donde se ve el bellísimo lienzo, muy manierista,
y nada aún de naturalista, de la Encarnación, por Carducho, disponiéndose en los extremos las imágenes de
San Agustín y Santa Mónica, por Juan Muñoz, restos
también del retablo primitivo. Un gran ático contiene
una radiante paloma o Espíritu Santo, coronada por un
frontoncillo curvo decorado por angelotes volando con
guirnaldas doradas.

Los temas de las pinturas al fresco, en las bóvedas,
los enumera Tormo, y aquí digamos someramente que
en las cajas de las naves se efigian escenas de la vida
de San Agustín, en las pechinas, con efectos teatrales,
se pintaron los Tres Arcángeles y el Ángel de la Guarda,
los restantes arcángeles en las estrechas bóvedas del
crucero, y finalmente la Gloria, San Agustín y la Trinidad
en el cascarón de la cúpula. Exclamaba Tormo, y gran
parte de razón no le faltaba, que con lo dórico severo
del 1600 y lo jónico suntuoso del XVIII, era ésta la más
bella iglesia de Madrid.

Addenda y correcciones: Además de Roberto Michel, en la decoración de estucos, colaboraron Francisco

Gutiérrez, autor de la diosa Cibeles y de la escultura de la Puerta de Alcalá, que aquí hizo los ángeles de los retablos del crucero y el friso del anillo de la cúpula, Isidro Carnicero, que hizo los ángeles de los ventanales del crucero, Antonio Primo, autor de las esculturas de la Casa de Correo y de la Aduana, que hizo los medallones que hay sobre las tribunas de la nave, y Manuel Arévalo Pacheco, que modeló el escudo real de los pies.

EL CARMEN
(Actual parroquia del Carmen y San Luis.)

Cronología: 1611-1638.
Arquitecto: Miguel de Soria.
Situación: c/ Carmen, 10.

Con permiso de Felipe II, en 1575 se aposentan los carmelitas calzados en la Corte, cerca de la Puerta del Sol, que ya era el punto neurálgico de la populosa ciudad, en un lugar antes ocupado por una famosa mancebía, en zona intensamente comercial, ambiente que aún se mantiene. Sin embargo, como ocurrió con muchas fundaciones monásticas de tiempos de Felipe II, el establecimiento, incluido el templo, debió ser modesto y provisional, hasta que a la vuelta de la corte de Valladolid, a partir de 1607, se erigió una nueva fábrica, monumental y amplia, como correspondía al carmen calzado masculino.

Las obras se iniciaron en 1611, con proyecto del arquitecto Miguel de Soria, a quien ya conocemos por su trabajo en el convento de las Carboneras, y no se concluyeron hasta 1638, trabajando con Soria desde

1631, el entallador Mateo de Cortray, quizás, por su apellido, francés o flamenco, quien labra las dos portadas laterales, antiguamente con gradas, como en San Felipe el Real, una especie de terraza elevada. Nada más terminarse el templo, se procedió a realizar la obra de retablos, pintura y escultura para la cabecera y crucero, la zona principal, contratándose al pintor Antonio de Pereda y al escultor Juan Sánchez Barba. El repertorio iconográfico de estas zonas principales era diferente, según las órdenes, y en este caso la temática giraba en torno al temario devocional preferido por el carmelo, que incluía naturalmente a sus propios santos y personajes notables.

Las portadas son de granito, y se abren en el muro de la derecha, por carecer primitivamente la iglesia de fachada a los pies. Condenada la del crucero, convertida hoy en ventanal, sólo se utiliza la segunda, más monumental que la otra, con grandes columnas corintias, arco de medio punto y ático hornacina, entre pirámides y bolas, repertorio manierista, aún de sabor escurialense, con grupo en piedra de la Virgen del Carmen imponiendo el escapulario a San Simón Stock, santo inglés, general de los carmelitas, obra del dicho Cortray. El vestíbulo, hoy muy en alto, se cubre por una interesante bóveda vaída con dibujos mixtilíneos, semejante aunque más pequeña, a la del presbiterio del convento de las Carboneras.

La iglesia resulta interiormente monumental y de enorme desahogo espacial, aunque sus muros producen impresión de un conjunto seco y desgarbado. Su planta es la típica del período trentino, que será la imperante en el Barroco madrileño, cruz latina, sin naves laterales, pero sí amplias capillas, nave transversal, cabecera plana y cúpula sin tambor, con los ángulos del crucero rectos, al modo renacentista, aún sin achaflanar. El interior se dividía en cinco tramos hasta después de la guerra de 1936-39, en que para ensanchar la adyacente calle Salud se amputó el primer tramo. El alzado de los muros, que se cubren con la consabida bóveda de cañón, iluminada parietalmente con lunetos, se articula mediante altas pilastras toscanas lisas, coronadas por un magnífico entablamento dórico de triglifos y metopas, formadas éstas alternativamente por discos y puntas de diamante. La cúpula carece de tambor, como ya se ha dicho, dividida en segmentos muy simples, sin ninguna ornamentación, y en las pechinas sobre las que cabalga directamente, aparecen en relieve sendos escudos reales entre columnas de Hércules. Sobre los arcos de medio punto que acceden a las capillas, grandes balcones-tribunas, al modo jesuítico, y que ya se estaban generalizando en Madrid, y sobre el entablamento una infrecuente galería o pasillo continuo, a modo de insólito triforio-pasarela trentino.

En conjunto, este interior es muy representativo del primer tercio del siglo XVII en la arquitectura madrileña, período que podríamos denominar Felipe III, donde permanecen modelos y conceptos renacentistas, dentro de una distorsión de cánones netamente manierista, y con una búsqueda de superficies activas que llevará progresivamente, a mediados de siglo, a las formas y repertorio enteramente barrocos.

Comenzando la visita de altares y capillas por los pies del muro derecho o de la Epístola encontramos un retablo de fines del XVII o principios del XVIII, de columnas torneadas, con capiteles de Francisco Bautista, y fustes cubiertos de hojas de vid y racimos de uvas, friso de modillones y rica ornamentación vegetal, con abundancia de dorados, que alberga una copia moderna del veneradísimo Cristo de la Fe, del círculo de Do-

mingo de la Rioja, de principios del XVII, que pereció
en el incendio de la desaparecida parroquia de San Luis
en 1936.

Pasada la puerta de entrada, la siguiente capilla es
la de San Antonio, con tres retablos. El primero, de
frente, cobija en el centro imagen moderna del santo
que da nombre a la capilla, con lienzos interesantes de
mediados del XVII, con temas carmelitanos. El retablo
de la izquierda presenta de interés los cuadritos de la
predela, con escenas de santos carmelitas, también de
mediados del XVII. Y el retablo de la derecha, barroco-
rococó, de principios del XVIII, con angelitos y pinturita
ovalada de ese momento. Las imágenes principales de
los tres retablos son modernas sin interés.

La última capilla de este lado es la de María Auxi-
liadora, antes de la Venerable Orden Tercera de la
Virgen del Carmen, que sólo presenta de interesante
algunos cuadritos de tema carmelitano, reaprovechados
en un retablo que parece moderno. Ya en el crucero,
antes de pasar al retablo mayor, anotemos a cada lado
del mismo, mirando hacia la cabecera, y sobre altas
repisas, dos bustos notables de Ecce-Homo y Dolorosa,
que parecen granadinos entre Mena y Mora, pero también castellanos, anónimos. Y colgados, muy arriba, en
los testeros laterales, dos soberbios lienzos de Antonio
de Pereda, que proceden del altar mayor primitivo, o
que al menos fueron pintados como parte del ciclo iconográfico principal del templo. Tormo los creía copias
de los perdidos originales, pero Pérez Sánchez los considera autógrafos, representando a los profetas Elías y
Eliseo, firmado y fechado el primero en 1659, de temática muy rara, como apunta el estudioso, y que figuraron,
restaurados en la exposición de Pereda en 1978-79.

Completan la ornamentación del crucero los dos

retablos colaterales, neoclásicos del XIX, de cuando el
convento es exclaustrado, y convertido en parroquia,
después de 1835. El de la derecha alberga un grupo
decimonónico de la Trinidad, obra de José Piquer, de
mediados del siglo pasado, y el retablo del crucero izquierdo, gemelo, hace de puerta a la sacristía. Debajo
de uno de los cuadros de Pereda, en el lado izquierdo,
retablo corintio, barroco, de mediados del XVII, que ha
perdido las pinturas, menos la Trinidad del ático, de
color claro pero muy sucia.

El gran retablo mayor de la cabecera data también
de la reorganización parroquial, neoclásico ya romántico,
que sustituyó al primitivo, trentino, de mediados del
siglo XVII, y que conserva reaprovechados algunos restos
del antiguo, como el majestuoso grupo principal de la
Virgen del Carmelo —el San Simón Stock se perdió en
el saqueo de 1936—, de Juan Sánchez Barba, así como
un santo lateral —San Andrés Corsino o San Pedro
Tomás—, que el imaginero, junto a otras perdidas, contrató en 1656, y la pintura del ático con la Trinidad,
resto de las pintadas por Pereda para el primer retablo
mayor.

Dando la vuelta ya por el muro de la izquierda o
del Evangelio, la primera capilla, que fue de la condesa
de Losada, alberga un retablo barroco, corintio, con
paños pintados de motivos ornamentales, cuadro de la
Trinidad arriba, y escudos de los patronos (¿los Losada?).
Pero el verdadero interés del recinto lo constituye la
lauda sepulcral, recompuesta, de don Luis de Alarcón,
consejero de Hacienda y contador mayor, y testamentario
de la emperatriz María, y de su esposa doña Antonia de
Céspedes, fechada en 1638, y magnífico trabajo barroco
en piedras duras, ya por desgracia, después de tantas
pérdidas, insólito producto en Madrid.

La siguiente capilla, con retablo del XIX, no guarda nada de interés, y llegamos a la penúltima, acercándonos a los pies, de la Cofradía del Santo Entierro, conjunto barroco recargadísimo, de talla en madera dorada, de abigarrada decoración floral y vegetal, que recuerda la de estuco para la Capilla de San Isidro. En el nicho principal, Dolorosa madrileña, de vestir, copiando la de Salvatierra para San Nicolás, del XIX, y bajo el altar, en urna moderna de cristal y metal dorado, Cristo Yacente, que según M.ª Elena Gómez Moreno es copia antigua del hecho en 1690 por el napolitano Michele Perroni para la Encarnación, de busto muy levantado. En los muros, copias antiguas, muy ennegrecidas, de la Flagelación de Cristo, por Tiziano, y San Pedro ad Vincula. En la última capilla, la bautismal, otro retablo del XVII, similar a los muchos ya vistos. En realidad, hasta la citada reforma de 1949-50, esta capilla no era la última, pues aún había otra, la de los pies, y que era de los médicos de Madrid, donde recibió sepultura el arquitecto de la iglesia, Soria, y que poseía un magnífico grupo de la Dormición de la Virgen, de la primera mitad del siglo XVII, destrozado en los desórdenes de 1936.

En esta zona de los pies, bajo el coro, puede verse cómodamente, en urna moderna, el soberbio Cristo Yacente, que Gómez Moreno hija documentó como hecho en 1650 por Juan Sánchez Barba, y que hoy se halla casi rehecho, tras haber sido destrozado en los desórdenes de 1936. Restaurado después de la guerra, aún sigue impresionando por su intensa emotividad y sincero dramatismo, siendo del mismo tipo somático que el famoso Cristo de los Agonizantes, obra también del imaginero burgalés, que a mediados del XVII representa la superación, en clave barroca ya, del naturalismo castellano andaluz de la primera mitad de siglo.

Antes de abandonar el templo, observemos un poco el conjunto de rejas de las capillas, único en Madrid en cantidad, y grupo interesantísimo de la rejería clasicista en la época de los Austrias. Lejos ya de la riqueza estructural y decorativa de las grandes rejas platerescas del XVI, la rejería del XVII es sobria y geométrica, sobre todo en la zona de la Corte, destacando Tormo de entre las rejas del Carmen la de la citada capilla de Losada.

Ya en el exterior, aún nos queda una sorpresa: la monumental portada barroca, que procedente de la desaparecida parroquia cercana de San Luis Obispo, fue salvada y montada de nuevo en el imafronte nuevo, que tras ensanchar la calle Salud, se levantó en la zona de los pies de la iglesia. Sobre un fondo plano, muestra ya el rompimiento de los órdenes a que se ha llegado en este momento avanzado de barroquismo, pues la portada aparece fechada en 1716, y se atribuye a Francisco Ruiz, que hizo las portadas de aquella parroquia. Dos columnas poliédricas levantan un entablamento reducido sólo a los extremos de un frontón curvo, sobre el que se sitúa, dentro de nicho, una escultura del santo titular.

LOS JESUITAS
(Actual Catedral de San Isidro.)

Cronología: 1622-1664.
Arquitectos: Pedro Sánchez y Francisco Bautista.
Situación: c/ de Toledo, 37.

La Compañía de Jesús, fundada en 1534 por San Ignacio de Loyola, se establece en Madrid en 1560, como colegio de estudios, en un solar propiedad de

doña Leonor de Mascarenhas, aya de Felipe II, y prota-
gonista de una curiosa leyenda. Durante un tiempo, el
establecimiento no destaca gran cosa, pero en 1603, al
fallecer en Madrid la emperatriz doña María, tía de
Felipe II, deja una enorme fortuna para engrandecer el
colegio jesuítico de la calle de Toledo. Comienza así
la historia del que sería magno templo del Barroco madrileño.

Los cimientos, y quizás el proyecto básico de planta,
los pone el arquitecto de la compañía Pedro Sánchez,
que por moverse continuamente por la geografía nacional ocupado en iniciar templos de la orden, que se
expandía asombrosamente, no pudo quedarse a dirigir
la continuación de las obras. Éstas las toma a su cargo
en 1633 el también jesuita Francisco Bautista, murciano,
que a lo largo de varias décadas irá alzando los muros,
con originalidad en la distribución de los tramos, inventiva en su decoración y aliento firme y amplio en la
configuración de los espacios. Surgirá un templo majestuoso, diáfano, de proporciones infrecuentes en el
muchas veces modesto Barroco local, y con recursos y
soluciones que pondrán a Bautista en un puesto de honor
en la historia de la arquitectura española.

La planta básica de los Jesuitas, en la Corte, será la
consagrada en el Concilio de Trento como la más idónea
y funcional para los intereses litúrgicos de la Contrarreforma, la cruz latina. Pero ésta la moldeará definitivamente Francesco Vignola, en el célebre Gesú, en Roma (1568), conformada mediante una gran nave única,
con capillas laterales muy hondas, grandes tribunas sobre
los arcos de las capillas, crucero, cabecera alta pero no
muy profunda, y poderosa cúpula, convertida en centro
teológico, a partir de la cúpula de Miguel Ángel para
San Pedro. Será esta planta el modelo con variaciones

de la mayor parte de las iglesias conventuales madrileñas del siglo XVII, y a ese modelo se adapta Pedro Sánchez, introduciendo Bautista matices de significación trascendental, como la diferencia de ritmo y la creación de un sexto orden, así como la incorporación plena a la construcción madrileña de la cúpula encamonada, verdadero descubrimiento para una arquitectura de época en constante deterioro económico.

La distribución de la nave se hace mediante dos tipos de tramos, uno mayor, con dos huecos grandes, superpuestos, y de mayor anchura, y otro tramo, más estrecho, con tres pequeños huecos adintelados, superpuestos, siendo un total de cinco tramos para la nave grande, tres mayores y dos pequeños. Del mismo modo, los anchos testeros de fondo de la nave transversal se cubren con un triple reparto de calles, una ancha, del tipo de los tramos mayores, y otras dos estrechas, a cada lado, configurándose de este modo una especie de tríptico, pero sólo en el testero de fondo, pues antes y después, en los muros de ángulo, de apertura y cierre de los dos brazos del transepto se colocan a su vez otros tramos mayores, con lo que en conjunto suman tres mayores y dos pequeños, igual que la nave desplegada. Los tramos menores hacen un cierto papel de intercolumnios, con huecos más pequeños, que concentran la mayor especialidad de los grandes. Estos tramos se articulan mediante gigantes pilastras cajeadas, que rematan en capiteles nuevos, inventados por Bautista, el sexto orden o capitel del hermano Bautista, así conocido, formado por grandes hojas del corintio y las ovas del jónico, sobre el ábaco del dórico, en cierto modo una especie de nuevo orden compuesto.

Las capillas laterales se comunican entre sí por medio de estrechos y misteriosos pasillos, lo que produce la falsa impresión de naves laterales. A su vez, como no podía ser menos, hay alternancia de capillas grandes y profundas, coincidiendo con los tramos mayores, y pequeñas y cortas, que corresponden a los tramos menores. Sobre las capillas corre una especie de nave oculta, asomada a la nave por los huecos de la parte superior de los muros, y que a Kübler le recordaba a los triforios medievales de peregrinación. Las bóvedas son de cañón, con enormes arcos fajones que voltean la bóveda, y que son tan anchos porque cubren la totalidad de los tramos menores del muro. La cúpula se elevó completa, con el domo trasdosado, y con magnífico cuerpo de luces, pero interiormente hueca, unidas las dos caras mediante tirantes o grapas de madera, enyesadas, lo que al ser de menor peso, abarataba considerablemente el presupuesto, pues permitía cimentaciones menos costosas. Este recurso, introducido en Madrid por Bautista, será prácticamente el utilizado con exclusividad por reducir los gastos de construcción de manera notable.

Reinando Carlos III, los jesuitas fueron suprimidos en España, y expulsados, en 1767, pasando el gran templo a convertirse en Colegiata, ordenando el monarca el traslado de los restos de San Isidro Labrador. Se ocupó Ventura Rodríguez, no por decisión del rey, sino por presión eclesiástica, de aligerar algo la rica y fastuosa ornamentación barroca, y de introducir diversas reformas, que afortunadamente no afectaron a la estructura. En 1885 la colegiata se convirtió en Catedral, al crearse la nueva diócesis de Madrid-Alcalá, aunque de forma provisional hasta que se concluyera la neogótica de la Almudena, espera que lleva ya más de cien años. El interior fue saqueado en 1936, perdiéndose entonces la ingente cantidad de pinturas y esculturas, cuya relación, apabullante, da Tormo.

Hoy su número es pequeño, y más aún cuando se están decidiendo, por las autoridades eclesiásticas, ciertos traslados. De entre las capillas, apenas sobresalen algunas. La primera que comentaremos, la del Cristo, conserva su antiguo esplendor. Es la situada en tercer lugar, en el muro derecho, y aún puede verse lo recargado y tupido de su ornamentación barroca. El retablo fue modificado después de la guerra, y el Cristo cambiado de sitio, en la actualidad, y después de su restauración, en la nueva Catedral de la Almudena. La decoración al fresco de paredes y pechinas, éstas fechadas en 1673, las hicieron respectivamente Dionisio Mantuano y Claudio Coello. Cerca del arco de entrada, dos óvalos de Francisco de Ricci, con San Pedro y la Verónica, y mucho más importantes, los dos grandes lienzos, que estuvieron situados en las paredes (hoy, sólo uno; el otro en capilla próxima, aunque una vez que se ha trasladado el Cristo, existe intención de restituirlo a su auténtico emplazamiento). Los pinto Ricci en 1674-75, cobrando por ellos 1.200 ducados, y representan Cristo ante Caifás y el Camino del Calvario, intensos, trágicos y densos. El Cristo, creído como de Domingo Beltrán, por Tormo, fue documentado por María Elena Gómez Moreno, como obra segura del cordobés Juan de Mesa y Velasco, en 1622, y hecho para los jesuitas de Madrid.

En la siguiente capilla, la cuarta del muro de la Epístola, los muros se cubren con ornamentación rococó, con óvalos de santos en busto, pintados por Pablo Pernícharo y Juan Peña, a principios del XVIII. Y en la quinta capilla, retablo corintio, con pinturas de los Evangelistas en el banco y Calvario en el ático, pintor madrileño de la segunda del XVII, y en un muro, el cuadro de Cristo ante Caifás, de Ricci.

El retablo mayor es básicamente el primitivo, ya retocado por Ventura Rodríguez en 1768, aunque conserva parte de las imágenes hechas por Manuel Pereira, en el XVII, y que fueron pintadas de blanco (!) por los neoclásicos. Delante, el arca de San Isidro, hecha en 1620 por los plateros madrileños, en plata, bronce y oro, que guarda otra pequeña dentro, de 1682.

El brazo izquierdo del crucero, en su capilla central, grande, conserva aún el rico retablo corintio, diseñado, ensamblado y pintado en 1650-55 por Sebastián Herrera Barnuevo, joya de la retablística madrileña, que conserva aún todas sus pinturas, preciosos angelotes en el guardapolvo curvo, de inolvidable colorido, y en el ático, Martirio de los santos del Japón, pero no la hermosa Sagrada Familia, que hoy está en la sacristía, sustituida por horrible imagen moderna. Al lado, en el rincón, dentro de capillita, retablito, con pequeñas pinturas, difíciles de clasificar, con raro colorido, muy buenas, quizá manieristas.

De entre las capillas del Evangelio, en el lado izquierdo, yendo hacia los pies, la central, grande, pequeña iglesia, es la del Buen Suceso, que durante mucho tiempo fue parroquia, según la tradición costeada por el propio Bautista, que quiso ser enterrado en ella, con nave, crucerillo y cúpula, con tribunas voladas a los lados. Y finalmente, en los pies, antigua capilla de los Médicos, con retablo de la primera mitad del XVII, con imaginería naturalista, los santos Cosme y Damián en el centro, y diversos santos en las calles laterales. En el muro derecho, bajo un espléndido San Marcos, del XVII, se conserva dentro de vitrina el fantástico grupo de la Dormición de la Virgen, con los apóstoles en busto o medio cuerpo, alrededor de la Virgen dormida, que Gómez Moreno hija inventarió en el Carmen, de la primera mitad del siglo XVII, por desgracia anónimo. La reja está fechada en 1666.

De nuevo en el exterior, digamos que la fachada es atípica en Madrid, con un orden gigante de columnones embutidos en el muro, separando las calles. Las centrales incluyen el pórtico-nártex, éste amplio y desahogado, y sobre el hueco central, en hornacina, esculturas en piedra de San Isidro y Santa María de la Cabeza, hechas en 1768 por Juan Pascual de Mena para la Colegiata. Las torres se plantearon como muy macizas y cuadradas, pues el campanario no debía acercarse en altura a la cúpula, piedra de toque en el Barroco contrarreformista, pensadas para coronarse con chapiteles, que no llegaron a colocarse nunca, quedando siempre desmochadas. Después de la guerra civil, con claro desacierto, el arquitecto Javier Barroso las aumentó en un cuerpo más del mismo ancho que lo de abajo, con lo que la sensación excesivamente achaparrada que siempre las caracterizó es aun todavía mayor.

ORATORIO DEL SANTÍSIMO SACRAMENTO
(Actualmente de Caballero de Gracia.)

Cronología: 1786-1832.
Arquitecto: Juan de Villanueva.
Situación: c/ Caballero de Gracia, 5.

Juan de Villanueva recibe, en 1786, como arquitecto real que era, el encargo de proyectar un pequeño oratorio para la Congregación del Santísimo Sacramento, de la que era patrono y hermano mayor honorario el soberano Carlos III. Las obras se inician cuatro años después, en 1790, al tiempo que Villanueva pone la primera piedra del Observatorio Astronómico. El interior lo verá concluido el gran maestro neoclásico, pero la fachada la concluirá su discípulo Custodio Teodoro Moreno, que le ayudaba en la reconstrucción de la destruida Plaza Mayor, alterando algunos detalles.

Villanueva, pronto arquitecto de los infantes, más tarde del Rey, y desde 1785, maestro mayor de Madrid, había hecho muy poca arquitectura religiosa. Aquí tuvo que enfrentarse a numerosos retos y problemas. El solar era muy estrecho y alargado, y la calle a la que daría la fachada, angosta. Por otra parte, y por si fuera poco, la hermandad deseaba incluir una cupulita, a fin de tener el culto, durante todo el día, iluminación cenital. El arquitecto madrileño escogió un tipo de planta que se estaba utilizando con frecuencia en el Neoclasicismo europeo del momento, la iglesia basilical, de eje longitudinal único, y flanqueada por mamparas de columnas o columnatas. Como dice Chueca Goitia, «el tema estaba en el ambiente», pero una vez más el medio español no permitía la amplitud de medios económicos ni la holgura de movimiento por parte del artista, viéndose Villanueva obligado a sacar el máximo rendimiento de posibilidades muy limitadas.

La calle no permitía perspectiva, pero Villanueva tenía que ensamblar elementos imprescindibles, como portada, relieve alegórico —deseado por la cofradía—, ventanal del coro de los pies y frontón clásico, y todo ello en una altura determinada, nunca mayor de lo que le consentía la angostura de la calle. Unió así, sin solución de continuidad relieve y ventanal, cuyo dintel curvo invade ya la zona del frontón, obligando a romper la línea inferior de éste, a modo de un frontón sirio. Para obtener una mínima perspectiva del ingreso, una vez que deseaba ennoblecerlo con un soberbio dístilo jónico, «excavó», en feliz definición de Pedro Monleón, el área de la puerta, quedando las columnas del dístilo exentas, y fluyendo el aire levemente en su derredor. Llevó hasta el plano exterior de la fachada dos cuerpos laterales, en ladrillo, con nichos, cajeados y discos, consiguiendo así para el pórtico la calidad de «in antis», como puede verse en otras obras suyas, como la fachada norte del Museo del Prado. En un primer momento, Villanueva dibujó un relieve bíblico prefigurativo de la Eucaristía, pero posteriormente se sustituyó por una copia de la célebre Cena de Leonardo da Vinci. Queda aún, un hermoso relieve sobre la puerta, con un Agnus Dei, que generalmente pasa desapercibido, y que es de modelado muy fino y plano, de calidad neo-donatelliana.

Una vez que se traspasa el vestíbulo, donde Villanueva solucionó la diferencia del eje lineal del solar en relación a la línea de la calle mediante diferente grosor en el muro de la fachada, penetramos en el maravilloso interior de prístina pureza neoclásica. Una nave basilical flanqueada por una columnata corintia, de fustes monolíticos, cubierta por una rotunda bóveda de cañón con casetones cuadrados de rosetas. La estrechez del solar no permitió al arquitecto incluir naves laterales, pero el proyecto requería la monumentalidad de un orden exento y suntuoso, fundamental en el credo neoclásico de Villanueva. La solución adoptada mantiene el modelo basilical, incluye una columnata doble, y permite unos deambulatorios laterales, a modo de pasillos, con lo que los fustes columnarios poseen la suficiente sombra de fondo para emerger ingentes en toda su lumínica hermosura pétrea. Dice Chueca Goitia que «el entablamento del orden no tiene el peso de los entablamentos situados al exterior», con lo que las columnatas no se ven agobiadas por aleros de vuelo notable.

Como los comitentes querían cúpula, Villanueva tuvo que interrumpir su columnata, lo que quizás fue positivo, pues de seguir completa hasta el presbiterio, dado lo estrecho de la nave, hubiese acabado produciendo fatiga. Escribe Chueca, finísimo intérprete de la arquitectura vilanovina, que «puede ser discutible esta interferencia, pero está admirablemente resuelta. La cúpula es oval, lo que ahorra espacio y produce el mismo efecto perspectivo». Cabalga ésta sobre los cuatro arcos del crucero, área que se consigue, sin ahondar el muro, lo que era imposible, por la simple interrupción del entablamento, que voltea soportando las pechinas y el anillo oval de la cúpula, con tambor, en el que se abren óculos orientados a los cuatro puntos cardinales, lo que permite la iluminación natural a lo largo del día, pues la cabecera se orienta al norte, con lo que un torrente de luz bañaba el ostensorio desde la mañana al anochecer. La bóveda del tambor es vaída y ovalada, decorada por Zacarías González Velázquez, el exquisito pintor madrileño prerromántico, con frescos alegórico-decorativos, lo mismo que en las pechinas, con el anagrama de la congregación.

La cabecera se curva en un discreto ábside de exedra, abriéndose en el presbiterio de nuevo el orden columnario por dos columnas solitarias, por detrás de las cuales se hunde el muro, como con miedo de dañarlas, creando un efecto de volumen y vacío magistral, pues como dice, otra vez, Chueca, en Villanueva «los detalles son primorosos y de una delicadeza extrema». Centrando el ábside, otras dos columnas, a modo de Alfa y Omega, cierran el desarrollo del eje, que sólo recibe el clímax de un avance silencioso y solemne del entablamento, bajo un cascarón suntuoso de casetones romboidales.

No es éste el momento para analizar las múltiples

analogías, ya observadas por algunos críticos, entre la obra del arquitecto madrileño y la simbólica arquitectura masónica, que tan amplio, rico y sugestivo desarrollo tuvo en la segunda mitad del Siglo de las Luces. En este oratorio los paralelismos son abundantes, hasta el punto de coincidir en lo fundamental con el desarrollo del templo en las logias masónicas, incluso en la numerología de las 16 columnas del interior, en cuyo final se repite la jerarquización simbólica del Alfa y Omega, que ya aparcía en el dístilo del exterior. Villanueva no tuvo necesidad de ser plenamente consciente de la simbología masónica que utilizaba, aunque los paralelismos son a veces tan fuertes como para sospecharlo, pero Europa estaba llena de proyectos y láminas que circulaban de mano en mano, muchos de éstos edificios heterodoxos y fantásticos. El caso de Boullèe y Ledoux es revelador, pues siendo masones, ejercieron influencia evidente en Villanueva, no sólo en ecos, sino a veces en citas literales.

Los cuadros poseen marcos, muy finos, diseñados por el arquitecto, con estucos, que como los del presbiterio y otros, debió hacerlos Manuel Álvarez «el Griego». Los retablos se disponen, a lo largo de los muros, coincidiendo con cada ventana termal, de grosor tangente aquí imponente, para recibir siempre iluminación frontal superior. Las pinturas son desiguales, y de manos diferentes. Comenzando por la derecha, San Miguel Arcángel, por José López Enguídanos, el Noli me Tangere, quizás por José Beratón, condiscípulo de Goya (¡qué pena que las pinturas de esta joya del Neoclasicismo español no las hicieran Goya o Esteve!), y en el crucero, el mejor lienzo de todos, el bellísimo San José carpintero con el Niño Jesús, firmado en 1794 por Zacarías González Velázquez. Al otro lado, y siguiendo por el crucero,

el de la Inmaculada Concepción, también de Zacarías
González Velázquez, muy bueno, aunque más meloso,
ya en el pasillo izquierdo, los santos Pedro y Pablo, por
Beratón otra vez, y finalmente, la Educación de la Virgen
entre Santa Ana y San Joaquín, no malo del todo, por
José Camarón.

En el presbiterio, a los lados del Cristo dos cuadros,
con la Dolorosa y San Juan, madrileños de finales del
siglo XVII, no de Ricci ni de Carreño, quizás de Cabezalero o de cualquier otro, ideados para servir de marco
a un Cristo de escultura, tal como aquí se disponen,
aunque llegaron al oratorio por caminos diferentes. Entre
las pequeñas y diversas imágenes que desde hace poco
se exhiben en la iglesia, destaquemos un grupo que ya
lo estaba antes, la Virgen del Socorro o del Rayo, inspirada como la del Mazo, en Porta-Coeli, en el Apocalipsis, y atribuida al escultor neoclásico José Elías, de muy
buen plegado de paños, y llamativa policromía agria.

Pero es indudable que la joya escultórica del oratorio
es el soberbio Cristo de la Agonía, procedente del desaparecido hospital de Agonizantes de la calle Fuencarral,
tallado a mediados del siglo XVII, quizás en los años
cincuenta, por Juan Sánchez Barba, y que según Martín
González, es «una de las obras culminantes del Barroco
madrileño, ya en su período de exaltación, pues tal es el
énfasis de la imagen».

III. LA CIUDAD DE LOS AUSTRIAS: EL NORTE

SAN ANTONIO DE LOS PORTUGUESES
(Actualmente de los Alemanes.)

Cronología: 1606-1633.
Arquitectos: Pedro Sánchez y Juan Gómez de Mora.
Situación: Corredera Baja de San Pablo, 16.

A principios del siglo XVII, estando Portugal incorporado a la Corona española, Felipe III, por mediación del Consejo lusitano, y habiendo vuelto la Corte de Valladolid, fundó un hospital y oratorio para los muchos portugueses que entonces vivían en Madrid o formaban parte de los círculos cortesanos. Las obras comenzaron pronto, aunque no se concluyeron hasta 1633. A finales del siglo, separado ya Portugal, e independiente de nuevo, la capilla permanecía sin dueño, decidiendo la madre de Carlos II, regente ante la incompetencia enfermiza del soberano, ceder el disfrute de la misma al séquito de alemanes católicos que vinieron a Madrid acompañando a la reina doña Mariana de Neoburgo, que casó en segundas nupcias con Carlos II en 1689, que llamó a Madrid al gran decorador y pintor napolitano Luca Giordano. Por último, a principios del XVIII, el primer Borbón, Felipe V, entregó el hospital y la capilla a la Hermandad del Refugio, la de la famosa y triste «ronda del Pan y del Huevo», dedicada a la caridad y beneficencia, y que ya entonces se había ganado un respeto y admiración generalizados. En la actualidad, ayuda parroquial, el oratorio sigue siendo conocido con el topónimo de sus segundos moradores. El exterior fue reformado en 1888 por Antonio Ruiz de Salces, que revocó el ladrillo original, y añadió guarniciones Tudor al conjunto de ventanales.

Siempre se creyó que el arquitecto jesuita Pedro Sánchez, autor de los cimientos del templo de la Compañía en Madrid, había proyectado la capilla, y su curiosa planta oval o elíptica, coincide con numerosas iglesias jesuíticas, como la de los noviciados en Sevilla —el primero— y Madrid, pero también esa forma se adoptó en templos de otras órdenes, como la del colegio agustino en Madrid. Últimamente, Virginia Tovar ha exhumado unas trazas de Gómez de Mora para San Antonio de los Portugueses que coinciden en todo con la capilla conocida. La dirección de obras estuvo a cargo de Francisco Seseña, que pudo ejecutar planos de Gómez de Mora, sobre otros iniciales de Sánchez, o bien el papel de Mora pudo reducirse a rubricar los de Sánchez, en su condición de maestro mayor del Concejo, por cuyo cargo pasaban todos los proyectos a realizar en la Corte y Villa.

El volumen exterior es el original, aunque enmascarado por la reforma citada del XIX, con el ladrillo recuperado en la última restauración, y del que sólo sobresale el fantástico chapitel, el mayor de Madrid, que cubre la bóveda vaída del interior, visible desde las calles cercanas, y la discreta pero elegante portada, muy pura y clásica, adintelada en granito, con hornacina conteniendo la escultura en piedra que el gran Manuel Pereira, escultor portugués afincado en la ciudad, hiciera al acabarse las obras, con destino al hospital de sus compatriotas, y que presenta la acostumbrada iconografía del santo lisboeta, con la vara de azucenas, el libro abierto y el Niño Jesús hablándole, sobre el libro, santo taumaturgo de tanta devoción en la villa.

Entre exterior e interior hay un pequeño ámbito o vestíbulo, que prepara la sorpresa del visitante, pues acertadamente la antigua puerta de entrada al oratorio propiamente dicho ha sido reemplazada por una gran mampara de cristal, que permite admirar el fastuoso y escenográfico recinto sin molestar los cultos en caso de que éstos estén celebrándose. Lo que hace único este interior en el Barroco madrileño que ha sobrevivido, es tener toda la superficie mural cubierta por frescos, realizados en dos campañas, porque la arquitectura apenas existe en su condición de modificadora del espacio oval o elíptico, que se nos muestra íntegro, sin columnas, pilastras ni otros elementos que alteraran el espacio. Sólo unos arcos retranqueados en el muro, conteniendo altares-cuadros, con lo que la escenografía pictórica se mantiene.

Los frescos se comenzaron en 1665, acabándose tres años después, según Pérez Sánchez sobre proyectos de los decoradores italianos Mitelli y Colonna, consistiendo en grandes escenas de la vida de San Antonio, a modo de tapices, en la parte alta de los muros, por debajo del finísimo alero, y cubriendo la enorme bóveda vaída una apoteósica Gloria con San Antonio ante la Trinidad. En 1695, por mediación de la segunda esposa del rey, intervino el prolífico Luca Giordano, que añadió santos de origen germánico en la parte mural más baja, entre los altares, y modificó algo la bóveda. De principios del XVIII son los retratos ovales que coronan los retablos, con galería de reyes, pintados por Miguel Jacinto Meléndez, envueltos en cascadas rococó.

El retablo mayor primitivo se hizo en tiempos de Felipe IV, con pinturas de Carducho y Cajés, y la imagen del santo titular, bellísima, por Pereira. Este retablo se deshizo, en época de Carlos III, diseñado por Miguel Fernández, en estilo barroco académico, muy tardío, con ángeles de Francisco Gutiérrez, preciosos como todos los suyos, y respetándose la célebre imagen de San Antonio, de Pereira, prototipo de muchos posteriores. Algunas de las pinturas del retablo antiguo se guardan en la sacristía.

Comenzando el recorrido oval por los altares, una vez por la izquierda, como hacía Tormo, en predominio de la nave del Evangelio, y que no es el procedimiento general por el que nosotros hemos optado, encontramos: en el primer altar, Santa Isabel de Portugal, por Eugenio Cajés, en 1621, en el segundo, San Carlos Borromeo, que a Tormo le parecía de Van Kessel, en el tercero, la Trinidad, anónimo, y pasado el presbiterio, en el cuarto, el Calvario, de Luca Giordano, en el quinto, Santa Ana, de 1694, por Giordano, también, y finalmente, Santa Engracia, de Cajés. Delante de los lienzos, pequeñas imágenes del XVIII la mayoría, curiosas y de interés. En la cripta se guarda un buen Crucificado, vallisoletano, que a Martín González le parecía excelente, cercano a los de Gregorio Fernández.

Las Alarconas

Cronología: 1609-1656.
Arquitecto: Desconocido (¿Miguel de Soria?).
Situación: c/ Puebla, 1.

Doña María de Miranda funda en 1609 un primer convento de monjas mercedarias, falleciendo poco después, y dejando como albacea testamentario, al frente de las obras, a su confesor el sacerdote don Juan de Alarcón, que acabará dando nombre al convento y a sus moradoras. Las obras, como otros tantos conventos de la época, marcharon lentas, consagrándose el templo en 1656, pero aún se realizan trabajos en el convento en 1671 y 1686.

No se conoce al arquitecto del proyecto inicial, recordando el estilo general y abundantes detalles la arquitectura seca y desnuda, aún escurialense, de Miguel de Soria, autor del Carmen calzado y de las Carboneras. El templo, al disponerse en un ángulo urbano, posee dos fachadas. La principal, a los pies, presenta el mismo modelo, con variantes, que la fachada famosa de la Encarnación, convento iniciado en 1611, planteándose por tanto la duda de cuál pudo ser el primero. Sin embargo, esta fachada se completa con dos cuerpecillos laterales, unidos al frontón clásico del cuerpo central, mediante los consabidos aletones del modelo vignolesco, el Gesú. Las formas de esta fachada son muy duras, con ladrillo de fondo, y granito recercando pilastrones, esquinas, huecos, frontón y el típico porche, ya planteado en toda su tipología plena madrileña. Un detalle que puede emparentar esta fachada con los Mora, sobre todo con la fachada de la iglesia de las Descalzas Reales, que Virginia Tovar con razón cree de Gómez de Mora, es el gusto por los placados geométricos, que aquí llenan los pisos superiores del cuerpo central, extrañando también la ausencia de hornacina y escudos, si bien esto puede explicarse por aparecer en la portada de la fachada lateral. Es ésta más tardía, de mediados del XVII, por presentar orejetas en el hueco, escudos ampulosos de talla y escultura de la Inmaculada ya movida de formas.

El interior presenta ya la planta que casi será invariable en el desarrollo del Barroco conventual madrileño: cruz latina, sin capillas, con el crucero sin achaflanar, cabecera plana y cúpula sin tambor. El espacio se articula mediante pilastras toscanas, no apareciendo aún los típicos modillones de la escuela, y dejando el entablamento, por tanto, liso y desnudo. Las pilastras aún no están cajeadas, y las superficies, calmadas y solemnes, aún no incluyen el cajeado movido tan propio de sólo unas décadas después. Es este interior un ejemplo elocuente de la arquitectura manierista y arcaica, desornamentada y dura, de tiempos de Felipe III.

Acabadas las obras, se procedió, como siempre, a encargar los tres retablos principales, en Madrid los del crucero casi siempre de frente. Impresiona, desde el primer momento, el inmenso retablo-cuadro de la capilla mayor, cuyo lienzo central de la Inmaculada y los dos más pequeños del zócalo, los pintó Juan de Toledo, antes de morir en 1665. La gran Inmaculada es una pintura crepitante y farragosa, muy aparatosa, de la que cuenta Palomino simpática historieta, quizás falsa. En el crucero de la derecha, el retablo tiene un conjunto de pinturas por Juan Montero de Rojas, pintadas al acabarse el templo, de entre las que sobresale el bellísimo Sueño de San José, cuya figura del santo recuerda al San José de la Sagrada Familia del Pajarito, de Murillo, de un tenebrismo cálido pero aún neto. En el crucero de la izquierda, bellísimo Crucificado, castellano, del siglo XVII. Los primeros retablos de la nave, uno en cada lado, nada más entrar, son neoclásicos, de hacia 1800, con las imágenes de Cristo a la Columna y Dolorosa, madrileña. Mucho más gratos, los dos retablos del tramo siguiente, rococós, del siglo XVIII, con imágenes de San Antonio de Padua y San Ramón Nonato, de gran calidad, pensando para ellos Tormo en Juan Porcel. Finalmente, es pieza excepcional la urna neoclásica, dibujada por Juan Pedro Arnal, a fines del XVIII, para contener la momia incorrupta de la Beata Mariana de Jesús, aquí enterrada.

SAN PLÁCIDO

Cronología: 1641-1661.
Arquitecto: Fray Lorenzo de San Nicolás.
Situación: c/ San Roque, 9.

Don Jerónimo de Villanueva, protonotario de Aragón y ministro de Felipe IV, funda en 1623, un convento de benedictinas bajo la advocación de la Encarnación (no confundir con el de agustinas de la misma denominación), y del que fue madre superior la que había sido su prometida, la ilustre dama doña Teresa Valle de la Cerda. Por hechos extraños y escabrosos, legendarios, que han pasado a la literatura, y que incluso, o al menos así lo quiere la leyenda, generaron el célebre Cristo de Velázquez, las obras se paralizaron por un proceso inquisitorial contra el fundador, que consiguió sacarlas adelante en 1541, aunque posteriormente otro segundo proceso le llevaría finalmente a la cárcel, ya no afectando la vida del monasterio, que acabó el templo en 1661.

Éste es obra de Fray Lorenzo de San Nicolás, teórico y arquitecto, perito de enorme prestigio, pues se le llamaba para tasar y juzgar otras obras de colegas, y autor del libro «Arte y Uso de la Arquitectura». Fray Lorenzo, de vida azarosa y difícil en su infancia, tomó los hábitos de agustino recoleto, como su padre; recibió una sólida formación manierista, que se hace patente en esta iglesia, aunque luego evolucionó hacia posiciones más dinámicas y ornamentales, como puede verse en la iglesia madrileña de las Calatravas, más tardía.

El edificio de la iglesia carece de fachada a los pies, y su ingreso, sencillísimo, se hace por una portada adintelada, adosada al muro general de ladrillo, con un relieve de la Anunciación, entre escudos de los Villanueva, colocados ya por el hijo del fundador, y de modelado ya barroco. Ya en el interior, veremos una nave muy corta, aunque ancha, que desemboca enseguida en el magnífico crucero, con los chaflanes muy desarrollados, bajo una cúpula sin tambor, fastuosa por la bellísima decoración pintada, brazos transversales muy cortos, y cabecera alta y plana. Como se ve, una cruz latina, con los brazos atrofiados, incluso el de los pies, cuya espacialidad se concentra en el área central del crucero, que es aquí el punto fundamental del reparto espacial y decorativo. Esa centralización caracteriza también la otra obra madrileña, conservada, de Fray Lorenzo, la ya citada iglesia de las Calatravas, donde la cúpula exterior cobra aún mayor dimensión.

La decoración pintada de bóvedas y cúpula, al fresco, se encomienda a Francisco Ricci, que la hace entre 1660 y 1664, con santas benedictinas, alegorías, escudos de las órdenes militares y ornamentación prolija y variada, todo en un caliente tono rojo imperante. Quizás por cansancio o exceso de trabajo, no hacerse cargo de los lienzos de los retablos principales, recomendando a las monjas a su joven discípulo Claudio Coello. Se completó el conjunto decorativo e iconográfico con los retablos, colocados no de frente, como es usual en Madrid, sino de costado, en los testeros de fondo de los brazos transversales, y con las grandes imágenes de santos colocadas en los nichos de los machones.

El orden corintio de los retablos entona suntuosamente con el toscano limpio y silencioso de las naves, introduciendo productos decorativos ricos en la severa arquitectura de Fray Lorenzo. Los retablos son contratados con Pedro y José de la Torre en 1658, y ya estaban pagados en 1661, siendo muestras perfectas de la retablística de sus autores, de un Barroco solemne y rico, pero aún encalmados y estables. Los del crucero son iguales, formados por un banco, un cuerpo principal de columnas estriadas y entablamento con friso adornado y modillones, dando a un ático de frontón curvo, con aletones que se enroscan, copetes y bolas con pináculos. Las pinturitas de ambos zócalos representan momentos de la Pasión de Cristo, en las estilobatas o intercolumnios santos y santas benedictinos, y en los cuadros centrales la Visión de Cristo por Santa Gertrudis, en el de la derecha, y San Benito y Santa Escolástica, en el de la izquierda, siendo los temas de los áticos la Renuencia de San Gregorio Magno al papado y la Misa de San Gregorio, en el mismo orden de antes; en las tablitas de los sagrarios, Sansón y un Agnus Dei, datándose la pintura de los retablos por Claudio Coello en 1668.

Coello firmó y fechó ese año la enorme Anunciación del retablo mayor, utilizando un boceto de Rubens para un cuadro que no había llegado a hacer, destinado a este lugar, pero cuya realización se abandonaría ante los problemas del fundador con la Justicia. Es la obra de un joven genio, impetuoso y nervioso, lleno de brío, fuego y pasión, un remolino de convulsión emotiva y lírica. Sobre un alto estrado, la Virgen se mueve en un remolino de pliegues y viento, dejando toda la mitad superior del cuadro inundada de aureolas, luces encendidas, ángeles y miríadas de átomos celestiales; en la parte inferior, bajo el estrado, profetas y sibilas anuncian el portento. A los lados, empequeñecidas por el descomunal lienzo, imágenes de San Benito y San Bernardo, por Pereira.

Éste hizo las cuatro soberbias imágenes de santos de la orden, talladas ya al final de su vida, que representan a los santos Bernardo, Ildefonso, Anselmo y Ruperto, de policromía austera y expresividad concentrada. Completando la parte alta de los machones, cuatro cobres flamencos con escenas de la Vida de la Virgen, similares a otros que hay en las Comendadoras de Santiago.

La única capilla de la nave, frente al ingreso, tiene retablo sin documentar, pero seguro de los De la Torre, con Inmaculada en madera, con bonita policromía, de principios del XVIII. A los pies del templo, dentro de aparatosa urna barroca, con la urna en sí de principios del XVII, y el copete de fines de ese siglo, el Cristo Yacente de Gregorio Fernández, pieza magistral, de hacia 1620-30, según Martín González, más blanda de modelado que el del Pardo, anterior, y que posiblemente fue regalo de doña Teresa o de don Jerónimo. El famoso Cristo de Velázquez, llamado de San Plácido, estuvo en el coro de los pies, hasta que las monjas lo vendieron a principios del siglo XIX, encargado al pintor sevillano por el propio Felipe IV, como ex-voto por los sucesos ocurridos. No hay documentación sobre lo dicho, pero la leyenda así lo quiere, y la leyenda, no rígida ni exacta, resulta siempre al final, fascinante. Como este conjunto maravilloso, que las guerras, saqucos e incendios han respetado, llegando íntegro a nosotros. En su interior, nos podemos imaginar cómo serían la mayor parte de aquellas iglesias barrocas, a veces humildes por fuera, las más esplendorosas por dentro, reflejos de aquella España que se hundía poco a poco, oscura y divertida, mística y colorista, una sociedad que todo lo daba por la grandeza de Dios, y así pudo el Siglo de Oro del arte español. Sólo una muestra de aquello es hoy el interior de San Plácido, pero felicitémonos de que se salvara del naufragio. Nuestro corazón y nuestra sensibilidad lo agradecen.

MARAVILLAS
(Actual parroquia de los santos Justo y Pastor.)

Cronología: Iglesia primitiva, siglo XVII.
          Reforma, 1770.
Arquitecto: Reforma, Miguel Fernández.
Situación: c/ Palma, 28.

A principios del siglo XVII, en 1612, se establece aquí un beaterio de mujeres, que pronto quieren transformar en convento, ante la resistencia del abad de San Martín, que vencen en 1624, pasando a ser carmelitas calzadas en 1644, llamadas ya para ese entonces «maravillas» por la veneración de un Niño Jesús que encontraron entre unas flores del huerto llamadas «maravillas». La veneración popular por la imagen de la Virgen con el niño, que aún se guarda en el altar mayor, fue siempre grande. El primitivo convento se ubicó muy al norte de la ciudad, cerca de la tapia que Felipe IV ordenara levantar en 1625, situándose la construcción de la iglesia en algún momento de mediados del XVII, obedeciendo su planta al esquema habitual en la arquitectura conventual madrileña de la época: nave longitudinal, corta, con capillas de arco de medio punto, nave transversal, corta, crucero de cúpula, sin tambor, y cabecera plana con presbiterio alto. El orden apilastrado es el toscano, cambiado luego por el jónico, que aún puede sin embargo verse en el exterior.

La fachada principal, a los pies, sigue el esquema del Gesú, de Vignola, pero muy simplificado: un cuerpo vertical, central, dividido en dos plantas por imposta, cajeado ambos, rematado por un frontón clásico, con pequeño ventanal, unido por dos grandes aletones a cuerpos laterales, más estrechos, cajeados también, donde se abren balconcillos de aire doméstico. La portada podría ser la primitiva, dórica, muy severa, de arco de medio punto, entre pilastras, con un frontón clásico partido para contener escudo. Pero el dórico parece más bien remitir a la reforma neoclásica, estando quizás la solución en la identificación exacta de las armas del escudo, así como en su concreta datación. En el lado de la derecha, aún se conserva un curiosísimo porche alargado, insólito en Madrid, al menos en lo que se ha conservado, aunque primitivamente debía ser más corriente, y que por desgracia se halla cerrado, aprovechado para dependencias parroquiales.

En el reinado de Carlos III, en 1770, se procedió a una reforma, que afectó más al estilo que al espacio interior, que no sufrió sustancial modificación, eliminándose también el retablo mayor, que había contratado Pedro de la Torre a mediados del XVII, y sustituyéndose por otro neoclásico diseñado por el autor de la reforma, Miguel Fernández. Para las pilastras se dibujaron capiteles jónicos, en la versión miguelangelesca, muy utilizados en Madrid en la segunda mitad del XVIII.

El interior no es arquitectónicamente extraordinario, pero lo limpio y discreto de la reforma neoclásica lo hace bastante grato. Mucho mayor interés presentan las abundantes pinturas e imágenes que se guardan: en la primera capilla de la derecha magnífico Crucificado gótico, del siglo XV, procedente de la desaparecida parroquia de San Miguel de los Octoes, o quizás de San Justo, pues ambas parroquias se trasladan aquí, a finales del siglo XIX, y otro Crucificado, barroco, muy bueno, rehecho después de la guerra, en que resultó dañado, se venera en la segunda capilla del lado de la izquierda, atribuido de antiguo a Juan Alonso Villabrille y Ron. Las imágenes, pintadas de blanco vidriado, que se exponen a los lados del retablo mayor, se hicieron con la reforma neoclásica, y son obra de Manuel Álv; rez «el Griego», autor del Apolo del Paseo del Prado, representando a Santa Teresa y el profeta Elías. En el altar mayor, una Virgen pequeña, de vestir, y un Niño Jesús, diminuto, que según la tradición es el recogido por las monjas entre «maravillas». Abajo, dos imágenes modernas de los santos niños Justo y Pastor, citados aquí en recuerdo de la parroquia medieval.

Las diversas pinturas que se muestran, en diversos puntos del templo, tienen valor, en algún caso sobresaliente. La más antigua, y quizá la más excelente, es el lienzo del Niño de Pasión o de las Calatravas, colgado en el crucero de la derecha, y firmado por Antonio de Pereda, pintado en la década de 1640, y que procede del viejo San Miguel, de valor alto no sólo pictórico sino iconográfico y simbólico.

En los muros del presbiterio, otros dos lienzos, bellísimos, de Antonio de Frías y Escalante, que muestran como todo lo suyo, en palabras de Pérez Sánchez, «una gama de color original, pálida y fría, con rosas, azules, malvas y grises muy refinados», que representan a Santa Catalina —para otros, Santa Margarita— y el profeta Elías, y que son de entre 1660 y 1673, año en que muere este extraño pintor, discípulo de Ricci, hoy muy estimado.

Aún encontramos en los testeros del crucero, en alto, nada menos que dos obras del gran Francisco de Zurbarán, con San Francisco y San Diego de Alcalá, que Soria y Guinard sitúan entre 1630 y 1635, y que a quien esto escribe le parecen más tardíos. Aún puede destacarse un lienzo de Inmaculada, anónimo madrileño, barroco y movido, y muy grato de color, de la segunda mitad del siglo XVII.

COMENDADORAS DE SANTIAGO

Cronología: 1667-1697.
Arquitectura: José y Manuel del Olmo.
Situación: c/ Quiñones, s/n.

Sobre una enorme superficie, al norte de Madrid, y entonces casi en las afueras, procedió en 1584 el comendador mayor de la orden de Santiago, don Íñigo de Zapata, a fundar un convento de monjas acogidas y mantenidas por los caballeros santiaguistas, que en esta época, lejos ya los furores militares de la Reconquista, promovían obras de caridad y beneficencia, así como dotaban a muchachas humildes que quisieran profesar de religiosas, no pudiendo hacerlo en las órdenes habituales, por carecer de dote económica para hacerlo, dote ésta que la orden sufragaba bajo condición de ingresar en los cenobios femeninos que los caballeros mantenían.

La iglesia actual data de la reconstrucción que el monasterio lleva a cabo, reinando el último monarca de los Hasburgo, Carlos II, procediéndose un siglo más tarde a la construcción de un nuevo convento, con proyecto del italiano Sabatini, arquitecto del rey Carlos III, por lo que nada queda del convento inicial.

La curiosa fachada mezcla elementos de tres tipos de fachada: la típica madrileña, con pórtico de tres arcos, tal como se acuñara con enorme éxito en la Encarnación, en 1611-16, la derivada del Gesú, de Vignola, en Roma, que aunque no tan abundante como la primera, sí encontró en Madrid numerosas interpretaciones, y que es fácil identificar por los grandes aletones que caen desde el frontón central de remate sobre los cuerpos laterales, y el tipo de fachada civil del Madrid de los Austrias, con ventanales y torrecillas laterales, atrofiadas, cubiertas por airosos y castizos chapiteles de pizarra, con buhardillas, imagen que rápidamente nos remite a los conocidos palacios de la época. El fondo de los muros se deja en un grato ladrillo no demasiado cocido, de suave coloratura rosa, mientras que el granito, además de en los cimientos, a lo que obligaba el Ayuntamiento, se utiliza para enmarcar arcos, huecos, dinteles, impostas y cantoneras de esquina, lo que produce un contraste o alternancia de color, materiales y textura, que Virginia Tovar denominó «bicromía» madrileña. El grupo escultórico titular no se dispone, como es habitual, sobre el pórtico de entrada, sino en hornacina alta, con un grupo escultórico, en piedra, representando a Santiago en la batalla de Clavijo, de escultor aún no identificado.

Penetrar en el interior depara una de las sorpresas visuales y estéticas más intensas del Barroco local, con una espaciosa y luminosa iglesia en forma de diáfana cruz griega, con los cuatro brazos de igual superficie, que acaban en un muro cóncavo a modo de ábside o exedra, que parece haber sido inspirado por la iglesia romana de SS. Martina e Luca, de Pietro da Cortona, eliminando el orden columnario de allí, y sustituyéndolo por pilastras de ricos capiteles de yeso, que siguen el modelo creado en Madrid por Francisco Bautista en los Jesuitas.

Los hermanos arquitectos José y Manuel del Olmo trabajaron abundantemente en el Madrid de la segunda mitad del XVII, y representan muy claramente lo que a veces se ha denominado Barroco castizo, y que coincide, a grandes rasgos, con el reinado de Carlos II. La arquitectura religiosa, y aún la civil, de este período avanzado de la España de los Austrias, es muy poco innovativa y audaz en la incorporación de modelos y plantas, en lo que concierne al ámbito cortesano, continuando habitualmente con la cruz latina de la Contrarreforma, aunque éste no es el caso. Los arquitectos de este momento, que trabajan en Madrid, se distinguen, por su parte, por un rico y fantástico repertorio ornamental a base casi exclusivamente de utilizar el humilde y barato, pero muy moldeable, yeso. La decoración aplicada a los muros, en la iglesia de las Comendadoras, es buen testimonio de cómo los yeseros madrileños funden repertorio barroco, con grandes flores, vegetales y frutos, y tradición técnica y mural de raíces mudéjares.

Lo más pintoresco de las yeserías madrileñas es cómo se aplican al muro, no confundiéndose con éstos ni desparramándose por la superficie, sino concentrándose en puntos muy concretos, eclosionando allí en abigarrados ramilletes ornamentales, tupidos y opulentos. Se obtiene así un intenso contraste entre zonas vacías y calmadas, y zonas abigarradamente decoradas. Además de los bellísimos capiteles, ya citados, son de hermosura extraordinaria, las pechinas con grandes hojas enmarcando los escudos de la orden, los motivos que se ven bajo las celosías, los modillones del alero, en parejas, el espléndido anillo de la cúpula, o el rico repertorio de flores, hojas y frutas que se despliega en la media naranja y linterna, que a pesar de lo tupido del modelado conserva en todo momento limpidez y elegancia.

Frente a lo que es usual en la escuela, que siempre tiende al eje lineal muy marcado, aquí se opera una centralización del espacio, real y neta, confluyendo el espacio de las naves en la zona del crucero, bajo la portentosa cúpula, una de las mayores y más luminosas de la ciudad. Esta centralización espacial, aún conservando lo básico de la planta de cruz latina, lo ensaya por los mismos años en Madrid Fray Lorenzo de San Nicolás, en la iglesia de las Calatravas, y no es quizás casual que ambos templos fueran de conventos adscritos a órdenes de caballería ranciamente españolas, que posiblemente desearían templos donde visualmente quedara todo presidido por la zona que queda bajo la cúpula, y que potencialmente es la más iluminada, de ahí que en los dos templos los machones quedan espectacularmente achaflanados, permitiendo así una visualidad absoluta desde cualquier punto. Es sabido que las viejas órdenes militares hispánicas celebraban fastuosas y complejas ceremonias rituales, como la investidura de caballeros nuevos, que se hacían dentro de una parafernalia visual y musical que hoy nos impresionaría fuertemente, pero que entonces formaba parte del recargado y simbólico universo barroco.

En la capilla mayor encontramos un tipo de retablo que hoy puede sorprendernos, pero que en los siglos XVII y XVIII fue bastante frecuente, el retablo-cuadro (así eran los retablos de Santiago y San Ginés, con sendos lienzos de Ricci). Esta evolución, desde el complejo y compartimentado retablo renacentista, se debió a la magnitud que paulatinamente fue adquiriendo el cuadro central, hasta convertirse en un monumental elemento que acabó requiriendo para sí la casi totalidad del espacio disponible. Dentro de un rico marco barroco de carpintería dorada, de perfil discontinuo y copete, puede verse el inquieto y desasosegado lienzo de Santiago en la batalla de Clavijo, pintado en 1695 por el italiano Luca Giordano, conocido aquí como Lucas Jordán, y que pasó varios años pintando en la corte madrileña. Movido, nervioso, inquieto, tropel de combatientes y terremoto de nubes, esta obra maestra es perfecto indicativo del estilo barroco y desenfrenado del que fue conocido con el apodo de «fa presto».

El interior posee pocas capillas, situadas a ambos lados del ingreso: en la de la derecha, según entramos, soberbia figura, en madera policromada, de San Francisco de Borja, que viene considerándose, tradicionalmente, como de Roberto Michel, el escultor francés que trabajó en Madrid en la segunda mitad del XVIII, potente y limpia de idea y ejecución, y en la de la izquierda, Crucificado, antiguo, no demasiado bueno, y Dolorosa, madrileña, del XIX.

A buen seguro, en el crucero izquierdo, según miramos hacia la capilla mayor, pues la cabecera no se dispone en el mismo eje que la fachada principal, nos llamará la atención un gran santo sedente, sobre sillón. Es Santiago peregrino, pero sentado, en rara iconografía, que se da en algún ejemplar de la propia ciudad que lleva su nombre, concebido por el escultor Manuel Virués, del que apenas nada se sabe, hecho en torno a 1800, y que procede de San Ginés, imagen que sacaban procesionalmente los gallegos que vivían en Madrid. Decorando la parte alta de los machones del crucero, sobre imágenes modernas, bellísimos espejos de marcos rococó.

Siendo hermano mayor, a mediados del siglo XVIII, el rey Fernando VI, quiso éste dotar a los caballeros santiaguistas de un espacio amplio y capaz para celebrar sus cultos privados y sus capítulos, gran sala que es conocida como Sacristía de los Caballeros, de planta alargada, formada por un tramo central cuadrado, separado de dos cabeceras por columnas corintias exentas, sobre alto plinto, y muy elegantes de dibujo. La ornamentación de detalles y algunos elementos, como los ventanales altos y la linterna, son de estilo rococó, lo mismo que la magnífica mesa o la cajonería, con preciosos apliques, ambos reproducidos por Martínez Feduchi, en su clásico libro sobre el mueble español. Los muros se retranquean mediante arcos de medio punto, entre hornacinas altas, donde aparecen reyes españoles. Es el autor de este bellísimo espacio, de lo poco rococó que se hizo en el Madrid del XVIII, Francisco de Moradillo, autor de la Puerta de Hierro y de la conclusión de San Cayetano, formado en el Palacio Real junto a italianos y franceses. Son delicadísimos, y tal vez obra del escultor de cámara Felipe de Castro, los bustos de Fernando VI y Bárbara de Braganza, que se sitúan, a contraluz, ante los ventanales de perfil rococó.

MONTSERRAT

Cronología: 1668-1722.
Arquitectos: Sebastián Herrera Barnuevo y Pedro de
          Ribera.
Situación: c/ San Bernardo, 79.

Para dar acogida a los monjes benedictinos de Montserrat que venían huyendo de la insurrección catalana,
en 1640, fundó el rey Felipe IV un convento de Santa
María la Real de Montserrat en la Corte, asentándose
los frailes de modo transitorio en unas casas del norte
de la ciudad, cerca del convento de la orden de Santiago,
y en zona urbana de grandes claros. La provisionalidad
duró bastante, como era frecuente en las fundaciones
monásticas madrileñas, no comenzándose las obras sino
en 1668, reinando ya Carlos II, cuya madre impulsó
abundantes construcciones conventuales, dentro del clima
beato y oscurantista en que convirtió la corte. Comenzó
el templo Herrera Barnuevo con un proyecto monumental y ambicioso, con una fachada que se inspira
directamente en el Gesú, de Vignola, apartándose del
modelo convencional local de la Encarnación. Un rectángulo coronado por frontón, unido a otros cuerpos
laterales de sólo un piso, y por tanto más bajo, por
medio de grandes aletones, que acaban en bolas, lo
mismo que las líneas que limitan el cuerpo central.

Es justo reconocer que la fachada de Herrera tiene
grandeza y aliento, obra de artista excepcional, pintor,
escultor y arquitecto, que vio realizarse una mínima
parte de su trabajo, con innumerables detalles de sintaxis
y trabazón admirables, que casi hacen de esta fachada
de Montserrat la más compleja y elaborada del Barroco
local. Sobre un alto plinto o basamento, para salvar el

fuerte desnivel de la calle, Herrera planta tres cuerpos sólidos y seguros, con entrecuerpos intermedios, estrechos, que protagonizan una excelente transición, al tiempo que introducen dinamismo y presión en el modelo vignolesco, con cuerpos mayores y menores, que se presionan entre sí. Las pilastras dóricas son finas y delicadas, cajeadas, desdoblándose frecuentemente, bien en pares para pasar de un cuerpo a otro, bien retranqueándose en el cuerpo central superior, con lo que se obtiene variedad de molduraje y movimiento de plano. A su vez, el cuerpo de ático se asienta sobre otro basamento, y el frontón, aunque muy clásico, tiene ruptura de líneas sobre el plano.

Como no se conservan los planos de Herrera no es posible afirmar si contemplaba las dos torres que luego se proyectaron. El zócalo aparece firmemente trabado con la parte antigua, pero nada contradice que el zócalo de las torres lo levantara Pedro de Ribera cuando retomó las abandonadas obras en 1720, al principio de su carrera. Ribera no modificó la fachada, aunque redecoró la puerta y los ventanales con su característico repertorio, recargando el efecto (la diferencia entre los ventanales iniciales de Herrera y la decoración de Ribera puede verse fácilmente comparando el ventanal aún simple y clásico del ático central y los demás, con copetes, veneras, ristras, etc., todo muy riberesco).

De las dos torres proyectadas, sólo una consiguió elevar en el cielo azul madrileño Ribera, pero bastaría para convertirle en una personalidad imprescindible a la hora de trazar una historia de la arquitectura madrileña. Sobre un sólido espigón de base, cuyo cuerpo bajo queda unido al resto de la fachada por un mismo alero, pero combándolo hacia arriba, en grata curva, detalle centro-europeo, que va a ser típico más tarde de Díaz

Gamones y de ciertas obras de Ventura Rodríguez. Este combamiento se ve precedido, en el impulso ascensional, por quedar los ventanales de abajo unidos por motivos decorativos. El cuerpo alto de la torre abre por cada cara un único ventanal enorme, de medio punto, con tarjeta recortada en la base, y flanqueando por asombrosos estípites, al tiempo que las esquinas del prisma se achaflanan leve pero efectivamente. Por encima del alero final aún pueden contemplarse segmentos fragmentadísimos de frontones, reducidos a meros muñones. Un agudo tejado, algo acampanado, de pizarra, se corona, primero por una arandela, resto de una caperuza, como la que inserta, clavada, en el chapitel de la ermita de la Virgen del Puerto, y finalmente, un insólito bulbo y el correspondiente chapitel. No es éste el lugar apropiado para un análisis diseccionado de esta prodigiosa torre, capricho del Rococó extravagante pero sabio de Ribera. Sigue produciendo asombro en el que la contemple, no precisamente por primera vez. Dice Bonet Correa que no es arquitectura para describirla ni fotografiarla, sino para verla.

El interior nunca fue completado, quedando sólo la nave central y las laterales, quedando interrumpida la construcción al iniciarse la zona del crucero. La nave central se articula por poderosas pilastras de capitel compuesto, con arcos de medio punto, y majestuosos balcones-tribunas, cerrados por soberbias rejas, que culminan en un elegante entablamento de preciosos modillones, cerrándose el alzado por la bóveda de cañón cajeada. Es casi seguro que la nave central es obra de la campaña de Herrera Barnuevo, con Pedro de la Torre dirigiendo la construcción, y que posiblemente los arcos daban a capillas cerradas e independientes, como es lo habitual en el XVII madrileño. Pedro de Ribera intervino algo en el interior, abriendo las capillas laterales, y transformándolas en naves laterales, a las que cubrió con bóvedas de arista y otras de platillo, planas, típicas suyas, y diseñó la preciosa tribuna de los pies, cantoría de niños, alero volado, a modo de lámina muy sobresaliente, sostenida por dos inimaginables ángeles-atlantes, de dibujo y concepto realmente perturbadores, el exabrupto lírico e imaginativo más delirante de ese fantástico arquitecto y poeta de la construcción que fue Pedro de Ribera.

PORTA-COELI
Antigua iglesia de Ntra. Sra. de Porta-Coeli.
(Actual parroquia auxiliar de San Martín.)

Cronología: Inicio de obras 1725.
Autor: Pedro de Ribera (atribución).
Situación: c/ Desengaño, 26.

En 1643 se funda un pequeño convento de clérigos menores filipenses, pero éstos se trasladan al nuevo oratorio que se construye en 1660 en la Plaza del Ángel, estableciéndose aquí otros clérigos frailes, los «caracciolos», llamados así por ser creada la orden por San Francisco Caracciolo, a fines del siglo XVI, que ya estaban en Madrid instalados en un primer convento, el del Espíritu Santo (hoy Congreso de Diputados). En 1684 comienzan obras de renovación, e inician un templo en 1725, que es el actual. El convento desaparece con la Desamortización de 1835, trasladándose en 1868 la parroquia abacial de San Martín, cuyo convento de benedictinos sucumbe en la revolución de ese año. Se juntan entonces las obras artísticas del anterior convento con las que llegan procedentes del viejo abadengo de San Martín, que son las que cita Tormo, además de otras nuevas que se hacen en el XIX, para la nueva función parroquial, desapareciendo una parte en el incendio de los desórdenes de 1936.

Exteriormente el templo presenta un gran imafronte muy alto, flanqueado por dos torres campanarios, realizado todo en ladrillo, sin el porche típico madrileño, dentro de una gran austeridad, abriéndose los huecos sin ornamentación alguna, dentro de grandes rehundidos en el muro. La calle central de la fachada, que ocupa el ancho de la nave interior central se remata por un frontón, también de ladrillo, muy rebajado, sobre alto zócalo. El piso de campanas contiene huecos de medio punto, entre pilastras toscanas, cubierto por aleros de molduras en ladrillo. La presencia de doble torre, tan infrecuente en la arquitectura religiosa local del XVII, se generaliza algo en el XVIII, por influjo del Barroco italiano, traído por los Borbones.

El único elemento que destaca en la fachada es la hermosa portada en piedra berroqueña, que sigue el tipo de portada-retablo, con columnas exentas, utilizado por los De la Torre en la capilla barroca de San Isidro. Sobre un alto plinto, las columnas, de orden toscano, soportan un friso con modillones vegetales, presentando puerta única de medio punto, con enjutas decoradas. El ático alberga un nicho-hornacina, con un grupo escultórico de la Virgen apareciéndose al venerable Juan Agustín Adorno, entre pilastrillas laterales y copetes florales. Un mascarón como clave en el centro del arco da paso a un frontoncillo curvo segmentado, decorado con veneras interiores y copetes.

Aunque este tipo de portada no es la habitual en la obra del arquitecto Pedro de Ribera, que utiliza poco para este lugar columnas exentas o arcos de medio punto, encontramos su característico estilo en el repertorio decorativo de guirnaldas, copetes, roleos planos, veneras, frontones segmentados y mascarones o grandes cartelas de clave central, como la muy ampulosa que aparece sobre el arco de ingreso. Aunque en el diseño fundamental no pertenezca —en lo ornamental, sí— al grupo de portadas tan conocidas de palacios y edificios públicos del arquitecto madrileño, no desentona en el conjunto de su producción. Se ha pensado que pudiera tratarse de un seguidor, cosa no descartable, pero en el interior volvemos a encontrar procedimientos habituales en Ribera, que recuerdan el interior de San José. La fecha de 1725 coincide con las primeras obras de Ribera como el Puente de Toledo, el Hospicio de San Fernando, el cuartel de Conde Duque o la remodelación de Montserrat.

Para el grupo escultórico de la portada se propone a Juan Alonso de Villabrille y Ron, escultor que trabaja en Madrid en el primer tercio del XVIII, y que colabora frecuentemente con Ribera, labrando las estatuas de los templetes del Puente de Toledo y el San Fernando en la portada del Hospicio.

El interior es de cruz latina, con nave central, cortada por otra transversal, muy corta, y cabecera plana. Sobre el crucero se yergue cúpula completa, con el tambor ciego, sobre pechinas triangulares, y casquete de medianaranja, coronado por linternilla. La nave se divide en cuatro tramos, que comunican con pequeñas naves laterales, muy bajas, por medio de arcos de medio punto trasdosados, sobre los que se abren balcones, como es característico en el Barroco local. Esta nave central se cubre con bóveda de cañón, decorada con el típico cajeado, e iluminada por lunetos laterales. Las naves contiguas podrían no ser consideradas como tales, pues están separadas como capillas, aunque comunicadas entre sí (como en San José), y cubiertas con bovedillas de arista, ornamentadas con dibujo mixtilíneo. La nave central se divide por pilastras cajeadas, con grandes capiteles corintios, decorándose el friso con modillones madrileños, agrupados de dos en dos, con formas vegetales, como es habitual en Madrid.

El hermanamiento de este interior con el de San José, obra reconocida de Ribera, resulta revelador, pues ambos templos presentan un crucero sin achaflanar, de ángulos en vértice, diversos cajeados entre las pilastras de la nave central, bovedillas de arista similares, y el mismo tipo de naves laterales, casi únicas en el Barroco local, así como el tambor de la cúpula, alto, pero con los huecos sin abrir, entre pares de pilastrillas. La cúpula, encamonada, queda al exterior embutida en un prisma de cuatro caras, recubierto con pizarra, y coronado por linterna de forma octogonal, rematada por airoso chapitel.

Empezando por la nave de la Epístola, en el tercer tramo, en el muro, encontramos un lienzo muy estropeado con una Piedad, de mediados del XVII, de un anónimo seguidor de la manera de Van Dyck, y en el tramo siguiente, en el altar, una Dolorosa, de vestir, del tipo madrileño ya conocido, del XIX, y a los pies, en buena urna neoclásica de caoba, un Cristo Yacente, de fines del XVII o tal vez del XVIII, siguiendo el modelo que creara Fernández, anónimo.

En el crucero derecho, sobre puerta lateral, pintura muy estimable de Inmaculada Concepción, anónimo madrileño de mediados del XVII, en un estilo intermedio entre Antonio de Pereda y José Antolínez, y en el otro crucero, el de la izquierda, retablo neoclásico, de mediados del XIX, con magnífico grupo en madera policromada, de San Rafael y Tobías, de Ricardo Bellver, magnífico conjunto de la tan escasa imaginería de calidad del XIX, de arte sólido y amplio de concepto. En la mesa de altar de este retablo se expone, en madera policromada, una Virgen con el Niño, de curiosísima iconografía, la llamada Virgen del Mazo, inspirada en el Apocalipsis, que aparta al Niño Jesús del Mal, mientras golpea a un dragón con un gran mazo, y que parece del XIX.

El retablo mayor, plano, es del último tercio del XIX, y se hace para la nueva función parroquial. Muestra en el centro un gran relieve pintado de San Martín a caballo y el pobre, obra de Ricardo Bellver, autor del resto del retablo, que se decora en lo alto con ángeles y medallones neo-cuatrocentistas de terracota vidriada blanca, imitando los famosos productos de los florentinos Della Robbia, que se popularizaron mucho en España en esa época.

En la nave del Evangelio, en el primer tramo, se venera un curioso Cristo, del XIX, muy expresivo y dramático, con cuatro clavos y subpedáneo. De muchísimo más interés es la pintura que se guarda en el tercer tramo, una bellísima Sagrada Familia, firmada y fechada en 1649 por Juan Carreño de Miranda, joya artística del templo, y que se restauró con motivo de la exposición dedicada al pintor en Madrid en 1986.

Por último destaquemos el excelente Crucificado sevillano, de la primera mitad del XVII, que puede verse junto a la entrada, a la derecha, bien iluminado, y que parece obra del imaginero Francisco de Ocampo, colaborador estimado de Martínez Montañés, y que queda cerca del Cristo de la Carretería en Sevilla.

Addenda: El lienzo de Carreño llegó a Porta Coeli con el lote de obras procedentes del monasterio de San Martín.

SAN MARCOS

Cronología: 1749-1753.
Arquitecto: Ventura Rodríguez.
Situación: c/ San Leonardo, 10.

Aprovechando el emplazamiento de una anterior ermita, que ya puede verse en el Plano de Texeira, dedicada al apóstol San Marcos, en 1749, el rey Fernando VI decide construir un templo de más entidad, en recuerdo de la batalla de Almansa (1707), en cuyo día de San Marcos la ganó su padre, el primer Borbón, Felipe V, asegurándole definitivamente aquel triunfo el trono español. Fue durante tiempo ayuda parroquial del abadengo de San Martín, situada en los bordes del casco cercado, y en 1836, después de la Desamortización, convertida en parroquia titular.

El rey encargó la iglesia a un joven arquitecto, que se había formado en Madrid y Aranjuez, a la sombra de los italianos y franceses, nacido en Ciempozuelos, y que ya había manifestado dotes extraordinarias para el dibujo y el proyecto. Sería Ventura Rodríguez muy pronto arquitecto predilecto del gran rey, encargándose de numerosas y muy significativas tareas, hasta que la muerte prematura del monarca le hizo presenciar la venida de Nápoles de su hermano menor Carlos III, en 1761, que le defenestró, por motivos no aclarados, prefiriendo en su lugar a otros, generalmente extranjeros, pese a lo cual la privilegiada situación y el reconocimiento general de que gozaba, le permitió seguir laborando para cierta nobleza, incluso real, pues fue arquitecto del infante don Luis Antonio, y del Consejo de Castilla, que controlaba su amigo y protector, el Conde de Aranda, que le recomendó también a cabildos y parroquias.

La iglesia de San Marcos supuso la «opera prima» del arquitecto, notándose en la variedad de modelos que el joven Ventura aprovechó, siempre inteligentemente y haciendo gala de un sabio y sutil eclecticismo. Esas influencias son siempre italianas, y ya fueron señaladas en su día por Chueca Goitia: para la fachada, la de Sant'Andrea, de Bernini, en Roma, para la planta, la de San Filippo, de Juvarra, en Turín, y para los alzados interiores, los de San Carlino, de Borromini, en Roma. Lejos de producir un híbrido revuelto y mal trabado, lo grande de Rodríguez fue fundir los tres modelos en un híbrido perfecto, dinámico y fluido.

Para la fachada exterior el arquitecto dispuso una línea curva, cóncava, de nivel general, creando un agradable compás, a modo de plazoleta, pues hoy la fachada goza de aceptable perspectiva, lo que no era posible entonces, con un callejero muy estrecho. Y Rodríguez necesitaba cierta holgura para que la parte central del diseño adquiriese la calculada monumentalidad, pues levantó un imafronte rectangular, limitado por pilastrones corintios, rematado por un majestuoso frontón clásico, colocándose el ingreso por una portada de hueco adintelado, con mensulones de frente, y expresivo frontón curvo.

La planta es una ingeniosa sucesión de cinco elipses, con los ejes mayores cruzados, que van de menor a mayor, y de nuevo a menor. La espacialidad, tan importante en el Barroco, se ve sometida, aquí, a un crecimiento expansivo y contractivo, es un espacio movible, variable, que parece estar en continua modificación, una experiencia casi impensable en la tradición local sexcentista. Kübler habla de «un tono de órgano», que desde acordes leves, creciera hasta alcanzar un clímax, y de nuevo se perdiese en el eco, o por utilizar otra metáfora, es algo así como el efecto de una pieza lanzada al agua, que produce un impacto de menor a mayor, expansivo, volviendo de nuevo al principio, lo que es perceptible en la iglesia madrileña en lo que va del vestíbulo, primera elipse, al camarín del altar mayor, última y diminuta elipse.

Gustosamente repetimos la descripción hecha por Chueca Goitia del difícil, escorado y arriesgado alzado interior del templo madrileño, «un orden sobre el que arrancan los abovedamientos de las naves y las falsas pechinas del tramo central; un gran arco abocinado con casetones de plano casi vertical, que enmarca un hueco semicircular, a manera de gran luneto, formando todo ello un brazo atrofiado del crucero; la cúpula sin cuerpo de luces y la gran linterna. (...) Consecuencia de las plantas curvadas con pilastras de ángulo, los arcos torales que soportan las bóvedas en San Marcos (...) están "esvueltos", teniendo su intradós fuertemente inclinado en la clave. Ventura Rodríguez, maestro como nadie en audaces combinaciones de caprichosas bóvedas, siguió a Borromini en este gusto por los arcos inflexionados, que en Juvarra, con toda su libre fantasía, son mucho menos frecuentes».

Dentro de su pequeñez, San Marcos es un magnífico tratado de orden y lujoso ornamento. En manos de otro, la riqueza de soluciones arquitectónicas, la sutileza en el dibujo de los detalles y la musicalidad de los recursos, hubiese resultado fatigosa y hasta quién sabe, algo de enojosa. Por el contrario, lo suntuoso, armónico y hasta sensual del repertorio formal, lingüístico y epidérmico manejado por Ventura, es un inolvidable regalo para los ojos.

Tuvo la suerte Ventura Rodríguez, como quizás ya nunca volvió a tenerla, de poder diseñar altares, detalles y mobiliario, y de seleccionar él a los artistas colaboradores, lo que convierte a San Marcos en el sancta santorum del Barroco internacional en la Corte, sin la suntuosidad excesiva e inalcanzable de Bonavía, en San Justo, ni el empalago un poco vulgar, de Carlier, en las Salesas Reales. Lo justo, lo preciso, lo musical y lo afinado son siempre garantías de buena música de cámara. Si San Justo es una sinfonía, por poner símiles, y las Salesas una ópera, San Marcos es un contenido y discreto, pero profundo, cuarteto mozartiano.

Los retablos del primer tramo y el mayor son de estirpe berniniana, con columnas corintias de orden gigante, como el alzado de los muros, y los retablos del segundo tramo, que hace de crucero, son vitrinas. Los tres principales son de plano cóncavo, pero el centro es un volumen, a modo de tabernáculo, convexo, lo que les confiere, como a la planta, un evidente poder de movilidad contractiva, rematados en frontones curvos. Son, estos retablos, el primer grupo de los abundantísimos que Ventura dibujó para innumerables iglesias y catedrales españolas, poderosos, monumentales y suntuosos, con órdenes gigantes y agitados por una dinámica interna y sustancial que los agita como colosos en el espacio.

Los retablos de mayor valor, aparte del principal, en la capilla mayor, son los del primer tramo, que contienen imágenes en madera policromada, de San Benito y Santa Escolástica, santos que se justifican por ser el templo de jurisdicción benita, y estar el culto en manos de monjes benedictinos, obras de Juan Pascual de Mena, de lo mejor de la imaginería española del XVIII, y arriba, ante el frontón, medallones ovales, con escenas de la vida de los dos santos, de calidades rembrandtianas, excelentes, pintados por Luis González Velázquez.

El retablo mayor alberga una colosal imagen de San Marcos, de expresividad convulsa y fiera, casi miguelangelesco, en madera de policromía agria, propia de mediados del XVIII, tallado por Juan Pascual, autor también, en piedra blanca, de los dos ángeles adolescentes, en pie, que surgen como de detrás del altar, imponiendo silencio a los fieles, los ángeles más bellos y turbadores del XVIII internacional madrileño. Los de arriba, graciosamente sentados en el frontón, son de Felipe de Castro, escultor de cámara de Fernando VI. Encargóse de los abundantes y salpicados querubines de bóvedas y ventanales el gran estuquista francés Roberto Michel, que trabajó en Madrid pródigamente.

Los frescos de pechinas, bóvedas y cúpulas los pintó el ya citado Luis González Velázquez, y la relación de temas la dio Tormo, con los doctores marianos San Bernardo, San Ildefonso, San Ruperto y San Anselmo, en las pechinas, y escenas de la vida del santo titular en los plementos de la cúpula, completadas por la batalla de Almansa.

Salesas Nuevas

Cronología: 1798-1801.
Arquitecto: Manuel Bradi.
Situación: c/ San Bernardo, 72.

A finales del siglo XVIII, la comunidad de salesas que había fundado casi medio siglo antes la reina Bárbara de Braganza, había crecido de tal modo que se planteó la construcción de un segundo convento dedicado a la Visitación, adquiriéndose un gran solar en lo más alto de la calle de San Bernardo, frente al monasterio benedictino de monjes de Montserrat.

El proyecto lo llevó a cabo el arquitecto neoclásico Manuel Bradi, dentro de una esquemática desnudez de estilo, con una fachada conventual alargada, muy sobria, con ventanales en tres pisos, puerta de alero muy puro, y cornisa general de tacos, todo muy dentro de la tradición local de arquitectura doméstica. Sin embargo, la fachada del templo, aunque en realidad estrecha, produce monumentalidad casi imponente. Se sigue, aunque no lo parezca, el modelo básico de la Encarnación, con un rectángulo vertical dividido en tres calles por pilastras gigantes de orden toscano, casi dórico, cubierto por un enorme entablamento, liso, sólo retranqueado en el centro, coronado por soberbio frontón, tal vez el frontón neoclásico más puro de la arquitectura neoclásica madrileña, toda vez que Villanueva apenas usó este tipo de frontón. La calle central, levemente más ancha, contiene puerta, con frontón curvo, sostenido por ménsulas planas, del gusto vilanovino, y arriba, como único elemento decorativo, un relieve de Julián San Martín, representando a San Francisco de Sales fundando la orden con Santa Juana Francisca Fremiot, en piedra blanca, y en las calles laterales sólo se insinúan puertecillas ciegas y cajeados, con óculos intensos en el centro de las calles, que introducen un fuerte efecto inquietante ya casi de gusto romántico, propio del momento avanzado.

Como casi romántico resulta el precioso interior, que Tormo calificó de «lindo», uno de los ámbitos madrileños más delicados y elegantes, donde la sensibilidad estética del visitante se siente tentada a permanecer largas horas, deslumbrada ante la mesura y la contenida elegancia, marchamos de buen arte. La planta es un salón rectangular, limitado por un muro de cabecera plano, con pilastras lisas de capiteles jónicos dorados, que separan, entre cajeados de tradición madrileña, retranqueos de arcos de medio punto para los cuadros-altar. Los detalles presentan una decoración que recuerda el estilo Imperio francés contemporáneo, aunque aquí nada ostentoso ni empalagoso, con cogollos, festones, guirnaldas y casetones de rosetas, todo dorado, pero elegantísimo. El entablamento que corre sobre el orden es jónico, con dulcísimas molduras, y una frágil línea de mutilos. Muy de gusto Imperio con el púlpito, de mármoles de colores, con preciosos angelotes-atlantes y copete de lira, y la tribuna de los pies, casi suntuosa. Dando paso a la sacristía, magníficas puertas en mármoles veteados verde y rojo.

Sobre las puertas de la cabecera se disponen relieves cuadrados, que pueden ser posteriores, del XIX, aprovechando tal vez los pequeños cajeados de esa zona, en madera policromada, pero mucho más interesante resulta el ciclo de grandes lienzos para los altares, hoy en gran parte descabalado, pintados por el gran Agustín Esteve, magnífico pintor, de tonos suaves y refinados, cuya única desgracia fue pretender vivir y trabajar en una Corte dominada por el astro poderoso de Goya, que confió varias veces en él para descargarse de trabajo. Esteve, de estilo peculiar, viose obligado muchas veces a pintar en el estilo de Goya, lo que no le evitó acabar en la miseria. Suele ser elogiado diciéndose que muchos Goyas de museos y colecciones son realmente suyo, lo que en el fondo es injusto, pues Esteve era poseedor de una voz particular, llena de sutiles cadencias.

El lienzo del altar mayor, con San Francisco de

Sales y Santa Juana Fremiot, no es de lo mejor suyo, recordando algo a Maella, aunque la gama de color es suave y llena de sorpresas, dentro de un rico marco. Maravilloso resulta, sin embargo, el Buen Pastor, del altar de la izquierda más cercano al presbiterio, quitado de allí más tarde, y después de la guerra, vuelto a colocar. También era de Esteve el San Luis Gonzaga, dañado en la guerra, y vendido lo que quedó a un particular, y aunque cierta crítica lo considera hoy de Goya, es no obstante de Esteve. El resto de los lienzos son de pintores del XIX, completando el ciclo. Donde estuvo el San Luis Gonzaga, hoy hay una copia de la Visitación, por Rafael, obra del portugués Antunes, y a los pies, en los otros altares, en el de la derecha, San José con el Ángel, de pintor desconocido, y en el de la derecha, el Sagrado Corazón y Santa Margarita de Lacoque, de Manuel Gómez Moreno, abuelo.

IV. LA CIUDAD DE LOS AUSTRIAS:
EL ESTE

Santa Isabel

Cronología: 1640-1667.
Arquitectos: Juan Gómez de Mora y Gerónimo y Pedro
          Lázaro Goiti.
Situación: c/ Santa Isabel, 48.

Sobre el solar y palacio suburbano que fueran propiedad del ministro de Felipe II, Antonio Pérez, funda
el soberano, después de que huyera el segundo, un asilo-
colegio de niñas, en 1595, bajo la protección de Santa
Isabel, en homenaje a su hija predilecta Isabel Clara
Eugenia. En 1610, Felipe III y Margarita de Austria, lo
convierten en monasterio de monjas agustinas, un año
antes de que funden otro para mujeres de la misma
orden, vecino al Alcázar Real, que es el que conocemos
como de la Encarnación. Las obras del convento, reformando el primitivo palacio de Pérez, las inició Francisco
de Mora, discípulo de Herrera en El Escorial, y arquitecto real, que muere sólo un año después, en 1611,
pero los trabajos continuarían bajo la supervisión del

carmelita Fray Alberto de la Madre de Dios, quien también dirigió la construcción del segundo monasterio agustino.

Parece ser que Juan Gómez de Mora dio trazas para una iglesia definitiva, pues hasta ese momento el culto tenía lugar en capilla provisional, continuando Gerónimo y Pedro Lázaro Goiti las obras hasta su terminación, reformando Pedro también parte del convento. Lo que puede verse no es muy característico de Gómez de Mora, aunque sea un arquitecto de amplio registro y cambiante, de abundantes posibilidades formales y estilísticas, pero tanto interior como exteriormente es una arquitectura seca y dura, arcaica, más propia del reinado de Felipe III. Aun así, la puerta adintelada de entrada, la contención toscana del orden, el desahogo de pechinas, y sobre todo, el tambor exterior de la cúpula, muy parecida a la de la Encarnación, pueden hacer aceptar la paternidad de Mora, pues aunque más dinámico y elástico que la obra de su tío, Gómez de Mora aún no concede libertad a las fantasías decorativas de la segunda mitad de siglo.

La fachada es el consabido rectángulo vertical, sin pilastrones que la limiten, con tres puertecillas adinteladas, la central, mayor y con guardapolvo, cruzada horizontalmente por amplias pero muy secas impostas, con escudo real entre ambas, gran ventanal alto, y frontón muy seco, con óculo y cruz.

El interior es de cruz latina, de orden toscano, con pilastras cajeadas, y bóveda de cañón con lunetos cenitales, crucero muy amplio, con machones achaflanados, que en su parte baja se retranquean hacia dentro, creando unas muy originales capillitas. Los brazos transversales son mínimos, apenas sí existen, con espacio justo para voltear las bóvedas, y cargar el tambor de la cúpula, con el cuerpo de luces completo, de gran luminosidad, con ritmo de pilastras dobles. Los modillones aparecen ya de modo muy sobrio y contenido, con hojas enrolladas en volutas, en parejas, y en el anillo de la cúpula se distribuyen bajo mutilos clásicos.

Las abundantes obras de arte, y especialmente los cuadros de Ricci, Ribera, Coello, Cerezo, Aguero y Palomino desaparecieron engullidos por el fuego cuando la iglesia fue saqueada e incenciada en 1936. El famoso y enorme lienzo de la Inmaculada, de José de Ribera, estaba fechado en 1646, y estuvo primero en el Palacio Real viejo, en Nápoles, más tarde en la capilla del Nuevo, y finalmente traído a Madrid por el virrey don Pedro Antonio de Aragón, que lo entregó a las monjas en 1672, quienes por estar convencidas de que el rostro mariano representaba al de la hija del pintor raptada por don Juan José de Austria, encargaron a Claudio Coello su modificación. Era esta Inmaculada similar a la de Monterrey, en las Agustinas de Salamanca, pero más barroca y recargada.

LAS CALATRAVAS
(Actual parroquia de Sta. María la Real.)

Cronología: 1670-1678.
Arquitecto: Fray Lorenzo de San Nicolás.
Situación: c/ Alcalá, 25.

En brevísimo plazo de tiempo, levantó la orden militar de caballeros de Calatrava, un templo y convento, en plena calle de Alcalá, una de las más anchas del Madrid de los Austrias, lo que posibilitó una perspectiva monumental, dada la preponderancia que en el proyecto tuvo la masa de la cúpula, una de las más espectaculares de las iglesias madrileñas, dentro del papel destacado que la cúpula tenía en el simbolismo arquitectónico del Barroco católico, como cabeza de Dios, como símbolo del orden y dominio universal de la Iglesia Católica, paradigma del poder papal de Roma. Puede apreciarse, fácilmente, la escasez de torres en el conjunto barroco religioso madrileño, y por otra parte, el predominio de las cúpulas, elemento fundamental en el espacio arquitectónico, bien interior, bien exteriormente.

El proyecto lo realizó Fray Lorenzo de San Nicolás, figura de enorme prestigio, a quien ya conocemos como autor del convento de San Plácido, teórico y perito de gran reconocimiento, y autor del ya citado libro «Arte y Uso de la Arquitectura». Fray Lorenzo, aunque de formación manierista, tendía a la centralización del espacio, concentrando la tensión y el mayor desarrollo de sus templos en el área del crucero, con grandes y significativas cúpulas, y amplios y desahogados brazos de crucero y presbiterio. Aquí, dispuso una cortísima nave, con apenas tres tramos, ocupado el primero por el coro alto, que desemboca rápidamente en el crucero, por lo que el espectador nada más penetrar se siente envuelto en la mágica espacialidad de esa zona. Este efecto era aún mayor antiguamente, cuando se utilizaba la portada principal, abierta a la izquierda del crucero, por carecer el templo de fachada en los pies, practicándose hoy el ingreso sólo por la pequeña del mismo muro, pero más hacia los pies.

Los muros y superficies aún son ligeramente sobrios, con leves cajeados, pilastras cajeadas y superficies aún lisas, pero lo que hace de este interior una obra maestra, además de la hermosa diafanidad y potencia de la cúpula, es el repertorio decorativo, dibujado por el propio

Fray Lorenzo, y del que se sentía muy orgulloso. Utilizó un orden altamente original, un dórico muy plano, con el capitel liso, ornamentado por un festón de hojas y frutillas, de dibujo exquisito, seguido del habitual entablamento, salpicado de modillones, en grupos de dos, que culminan en riqueza y abundancia, en el anillo de la cúpula. Frente a los modillones opulentos y de modelado grueso, característicos del Barroco local, Fray Lorenzo dibujó otros, finos y delicados, de una exquisitez inigualable.

No resulta nunca suficientemente ponderada la extraordinaria cúpula, a pesar de la suciedad que hoy afecta al interior, pues el templo aún no ha sido restaurado en lo que va de siglo, cúpula de espacialidad, dibujo y ornamentación únicos en Madrid, y tal vez sólo comparable a la grandiosa de la iglesia de las Comendadoras, que como ésta posee amplio y alto tambor, generosamente iluminado por ventanales, aquí alternando ciegos con abiertos, y que trasdosan, ambas, al exterior sus domos, grandes casquetes esféricos, rematados por poderosas linternas, cuando lo más frecuente en la escuela es esconder los domos en cajas cúbicas, eliminando incluso en muchos casos el tambor o acortándolo considerablemente.

Todo en este interior está calculado para que el espectador se sienta arrebatado por el prodigioso efecto espacial que fluye bajo la cúpula, acortando considerablemente los brazos laterales del crucero, hasta convertir el templo en una verdadera iglesia cupular, centralizada, para realzar los cultos, rituales y vistosas ceremonias que los caballeros celebraban en el centro de la iglesia, que se convierte así en una especie de mágico teatro sacro, nobiliario y militar.

Poco después de concluida la iglesia, la orden contrató con el arquitecto y retablista José Benito de Churriguera, en 1720, un proyecto de retablo mayor, que los caballeros pretendieron ejecutar mediante concurso, adjudicando la realización material del conjunto a un tercero, lo que sublevó a Churriguera, que no dudó en poner un pleito a la orden, con la intención de reservarse personalmente la materialización del conjunto. Como escribe Rodríguez G. de Ceballos, «Churriguera no sólo se sintió rebajado de categoría, sino que se temió por su proyecto, puesto en manos de cualquier retablero de segunda fila, saliese perjudicado. Por eso objetó airadamente que sólo aquel a quien Dios daba habilidad para hacer trazas era capaz de ejecutarlas y aun de superar el diseño, ya que había un abismo entre la simple ejecución mecánica de los ensambladores ignorantes y el talento de trazador y ejecutor en una pieza que se cumplía en pocos y selectos genios. A la vista de sus razones, el Consejo le adjudicó también la ejecución del retablo sin convocar previo concurso». Churriguera acabó el mismo en 1724, cobrando nada menos que ochenta mil ducados, lo que unido a grandes ganancias obtenidas en su vida, le permitió llevar una existencia cómoda, dejando incluso una herencia importante a sus descendientes.

Bonet Correa, que fue quien halló la documentación que demostraba la autoría de este retablo, indicó también las muchas sugerencias francesas que recibió Churriguera, después de realizar un viaje a París. Estas novedades, de aire internacional, y dejando atrás el tradicionalismo de sus retablos anteriores, se ponen de manifiesto aquí. El retablo, por otra parte, parece enormemente complejo en un primer vistazo, pero un análisis sosegado permite una comprensión fácil de su estructura, pues lo sofisticado del conjunto no reside en la estructura, sino en la yuxtaposición de piezas, guardándose unas a otras, a modo de una enorme caja de muñecas rusas.

La estructura básica del retablo es un gran arco de medio punto, a manera de triunfo, sostenido por gigantes columnas corintias pareadas, con fustes estriados, a los que se adhiere una ornamentación menuda de banderas, lanzas y escudos, como si de hongos o parásitos se tratara, en un efecto que recuerda lo que ocurre en el Transparente, de Narciso Tomé, en la Catedral de Toledo (1732). El entablamento presenta modillones madrileños, similares a los que el propio José Benito utiliza en la fachada de San Cayetano, con cartelas. Este gran arco de triunfo, que apoya sobre un banco, con alero que vuela, sostenido en la base por grandes mensulones, abigarrados de ornamentos, aparece como encajado, metido, en un monumental nicho cóncavo, con el muro de fondo decorado con espejos rococó, esculturas, guirnaldas y angelotes, todo en madera dorada. A su vez, en el espacio central vacío que queda dentro del citado arco de triunfo, se dispone, abajo, un arco de medio punto, rebajado, con un segmento de frontón encima, con un óculo eucarístico, con lo que toda esta maquinaria se convierte en un inmenso ostensorio barroco. Encima, cobijado por pabellón de dosel y colgaduras, San Raimundo de Fitero, fundador de la orden, entre múltiples banderas, lanzas y demás armas, rematado, arriba, por el Salvador, que bendice, sobre un globo terráqueo, con nubes por encima, sobre las que va, ya por fuera del retablo, la imagen de la Inmaculada Concepción. Pero volvamos de nuevo abajo, a la base, ya que bajo el óculo eucarístico, se coloca un tabernáculo doble, el primero, exterior, de armazón calado, a modo de pequeña estructura arquitectónica, y dentro, el segundo, cerrado, hermético, macizo, como arca de alianza, como caja impenetrable, en cuyo interior debe, finalmente, guardarse el ostensorio, la custodia. Toda esta fascinante estructura, aquí simplemente esbozada, se ve precedida por una monumental escalera para la candelería, que es suntuosa y de impresionante boato, a la usanza sevillana. Todo en madera dorada, debía producir un efecto inolvidable, de reverberaciones doradas, a la luz de cientos de velas, iluminando temblorosamente el crucero, bajo el torrente de iluminación natural que caía de lo alto de la cúpula, a fin de realzar esta verdadera cascada de simbolismo caballeresco-eucarístico.

Los retablitos que aparecen en los machones frontales del crucero parecen contemporáneos, pero de otra mano, quizás de Juan de Villanueva, padre, que sabemos trabaja por esta época para la iglesia. Los frescos de las pechinas, con santos, parecen del XVIII, que es cuando se comienzan a pintar esas zonas, pero su estilo parece austero y castizo, de tradición sexcentista hispánica, anteriores al estilo de los González Velázquez, aunque podrían ser suyas, dada la suciedad que las cubre y oculta su colorido y factura verdaderos.

La mayor parte de las obras en capillas son modernas o de poco interés, pero sobresalen una Dolorosa, madrileña, de vestir, del XIX, en la segunda capilla de la izquierda, un curioso grupo de San Vicente de Paul, quizás del XIX, bueno, en retablo-vitrina neoclásico, y sobre todo, el bellísimo San Antonio de Padua, de Luis Salvador Carmona, rococó, pero basado en el prototipo que hiciera, a principios del XVII, Manuel Pereira, para la capilla de los Portugueses, en Madrid, en la primera capilla de la izquierda.

La fachada de la calle Alcalá, que es por donde se ingresa, fue redecorada en el reinado de Isabel II, por el arquitecto Juan de Madrazo y Kuntz, escogiendo como inspirador un repertorio lombardo neo-renacentista, no feo del todo, pero sin entronque de ningún tipo con la tradición local.

LAS GÓNGORAS

Cronología: 1663-1675.
Arquitecto: Manuel del Olmo.
Situación: c/ Luis de Góngora, 5 y 7.

Quiso Felipe IV reparar un conventillo de mercedarias situado primero en la calle de San Oprobio, pero muy maltrecho éste, las trasladó a otro convento, fundado anteriormente, cerca de la calle del Barquillo, donde ya se celebró misa en 1665, encargando el nuevo rey, Carlos II, al caballero don Juan Jiménez de Góngora la dirección de los trabajos de construcción, de los que se encargó Manuel del Olmo, maestro del Concejo, y autor de otro convento madrileño, el de las Comendadoras de Santiago. Antes de acabar el siglo, ya estaba concluido, siendo reparado en 1775 por el neoclásico Joseph de la Ballina, que deja el exterior muy áspero y duro, pero que afortunadamente no tocó el maravilloso interior, auténtica presea del arte castizo madrileño de finales del XVII.

Este interior responde una vez más al acostumbrado esquema de cruz latina, sin capillas, y cúpula, ésta con tambor muy corto y sin luces, con los machones del crucero achaflanados, obteniéndose así una espacialidad diáfana y solemne. La nave, sin sotacoro a los pies, se divide por pilastras cajeadas, con preciosos capiteles de Bautista, hermanos de los que se ven en las Comendadoras de Santiago. Sorprende, y ello es muy característico de los hermanos del Olmo, el contraste intenso entre zonas completamente lisas y otras ricamente adornadas, pero incluso éstas no presentan una ornamentación fundida con la superficie, de la que pudiera emerger, como un todo, sino resaltada, a modo de aplique de orfebrería, destacando en toda su opulencia de dibujo y modelado, del ascético y parco fondo. Los yeseros madrileños, que supieron transformar el humilde material en riquísimo ornato, dejaron aquí, siguiendo los dibujos del arquitecto, un muestrario lírico y fantástico: los modillones de la cornisa, las rutilantes placas y los finísimos festones en el tambor de la cúpula, y los cogollos enrollados, guirnaldas y motivos de la linterna, convierten este interior en un joyel del Barroco español.

Los dos primeros retablos, fronteros, son de estípites, de principios del XVIII, y los siguientes, cuadros-retablos, grandes, uno con un fondo de Montserrat, con imagen de Jesús cautivo, antiguo, no mala, y en el de enfrente, lienzo con los santos Pedro Mártir de Verona y Catalina de Siena, pintado por Pedro Atanasio Bocanegra después de 1676, en que se traslada a Madrid como pintor del rey, habiéndose formado al lado de Alonso Cano.

En los machones del crucero, muy anchos, se situaron cuatro retablitos rococós, muy franceses los de la cabecera, con espejitos, e imágenes de la Virgen con el Niño y San Pedro Nolasco, fundador de los mercedarios, rococó ambas, del XVIII. Y también en el crucero, púlpito con abigarrado dosel barroco-rococó, quizás de uno de los dos maestros de los retablos de los machones, de distinta mano por parejas.

Bellísimo resulta el retablo mayor, uno de lo más exquisitos y refinados de toda la ciudad, llenando todo el testero de fondo de la cabecera. No está documentado como obra de Ventura Rodríguez, que tantos dibujó y repartió generosamente, y debe corresponder a la reforma de 1775. Se emparenta estrechamente con los retablos conocidos de Ventura, como los de San Justo y San Marcos, por citar ejemplos locales, aún conservados, contando aquí, también, con la colaboración del excelente Juan Pascual de Mena, que hizo la escultura, la más delicada del ámbito madrileño de fines del XVIII, con policromía de tonos pastel, bellísima.

El retablo es de estirpe romano-berniniana, con un orden gigante corintio, sobre un plano convexo, roto en el centro, que se contrapone a otro cóncavo, de fondo. En el centro, Inmaculada Concepción, y abajo, santas mercedarias, según Tormo, Santa Margarita de Cervelló, catalana, y la Beata Mariana de Jesús, madrileña; en el banco, relieves en blanco, nunca citados, y en los laterales, hermosos ángeles con escudos reales, que continúan en los sentados arriba, sobre el frontón, por encima del Padre Eterno, con un coronamiento final de angelotes y aureola. Un conjunto irrepetible, de una delicadeza inolvidable y de acentos melancólicamente rococó.

LAS TRINITARIAS

Cronología: 1668-1698.
Arquitectos: Marcos López y José del Arroyo.
Situación: c/ Lope de Vega, 18.

Fundado en 1612 como convento de monjas trinitarias descalzas por doña Juana Gaitán Romero, hija del famoso don Julián Romero «el de las Hazañas», militar español, al que El Greco retrató, con su santo patrono, en un magnífico lienzo hoy en el Prado. Pero pronto surgieron desavenencias entre la comunidad y su fundadora, que como cuenta Tormo había ingresado en el convento al quedar viuda. Pudieron seguir adelante con el cenobio, gracias a la protección dispensada por doña María de Villena y Melo y don Sancho de la Cerda, verdaderos refundadores, pues en esa calidad figuran sus escudos en la fachada y sus lápidas en el crucero.

Continuaron mucho tiempo con iglesia y convento provisionales, hasta que en 1668 Marcos López comienza nuevo y definitivo templo, levantando nuevo monasterio, que hoy subsiste íntegro, siendo un conjunto de lo más típico y auténtico de la arquitectura madrileña de la época de los Austrias, enclavado en pleno corazón del barrio de San Sebastián, habitado por escritores y gentes del teatro, y a un paso de las casas donde vivieron Lope de Vega, Cervantes y Góngora, con sus largas fachadas de ladrillo oscuro, sus misteriosas rejas, sus altas torres-miradores y sus rancios aleros de tacos madrileñísimos.

Destacando de la acentuada horizontalidad de las casas conventuales, la fachada del templo repite el modelo rectangular de la Encarnación, limitado por pilastras toscanas, con el típico porche madrileño, un relieve con la Imposición por la Virgen de la casulla a San Ildefonso, escudos de los refundadores, óculos y ventanal del coro alto, y frontón clásico, con óculo. Los materiales son ladrillo en el fondo, y granito en los puntos destacados, como pilastrones, arcos, escudos, impostas y cantoneras. Contrastando con la general severidad de la fachada, el frontón se decora en los vértices laterales, con copetes floridos y graciosos, muy barrocos.

La iglesia es pequeña, pero muy típica, con una nave, sin capillas, bóveda de cañón, ventanales termales, crucero, cabecera corta y cúpula sin tambor, el modelo archirrepetido en el Barroco conventual local. La nave presenta dos tramos, un sotacoro a los pies, muy breve, y un orden de pilastras toscanas, con grandes tarjetas recortadas superpuestas decorando las zonas lisas que quedan en los muros. A ambos lados del crucero, dos soberbias puertas que recuerdan mucho a la única del crucero de las Calatravas, con alero de grandes y duros mutilos, y marcos superpuestos en el mismo estilo que las tarjetas antes indicadas.

El interior es un interesantísimo museo de pintura, escultura y retablística madrileños, entre el siglo XVII y el XVIII, que ha llegado a nosotros íntegro, al haberse librado el templo de saqueos e incendios, que tanto funesto daño han hecho al patrimonio artístico madrileño. Su ambiente, recogido y místico, su silencio y la tibia y filtrada luminosidad de su interior, lo convierten en uno de los más evocadores ámbitos de la Corte, vinculada su existencia para la posterioridad con la memoria del Príncipe de los Ingenios, don Miguel de Cervantes Saavedra, aquí enterrado, como una de sus hijas, doña Isabel, que llegó a ser abadesa.

En la nave encontramos cuatro retablos: en el primero de la derecha, precioso lienzo grande con Santa Cecilia, por Juan Van Kassel, alegre y claro de color, iconografía rara en Madrid, y en el segundo de ese lado, lienzo con San Agustín, que Ponz daba como de Jiménez Donoso, dudándolo Tormo, amplio de concepto, y de muy buen arte; enfrente, en el muro izquierdo, lienzo grande del Cristo de Burgos, y a continuación, en un retablo con el intradós decorado por hojas y palmas, y con pequeños cuadritos de ángeles y santos, San Felipe Neri, para Ponz de Alonso del Arco, con pequeño busto, arriba, de San Ignacio. Delante de estos retablos, pequeñas imágenes, de fines del XVII y principios del XVIII, destacando una pareja de Santa Isabel y

San Zacarías, muy barrocas y movidas, y una hermosa Inmaculada, que sigue el prototipo de las de Fernández, pero más alegre y movida, de la segunda mitad del XVII, con policromía muy bonita.

El retablo mayor parece de José Benito Churriguera, o de algún seguidor, recordando muchos elementos al de las Calatravas, aunque menos fantástico, pero con volumen convexo, roto, en el centro, de aire berninesco, por lo que podría ser poco posterior a 1720. Tiene doble tabernáculo-sagrario encasquetado, curiosísimo, y en el centro, relieve con la Imposición de la casulla por la Virgen a San Ildefonso, con ángeles en el frontón, relieve en el ático de la Trinidad, y dos santos trinitarios, de pie, en los altares.

De arte diferente, muy curioso y fino, son los dos retablos del crucero, del mismo estilo y autor, desconocido éste, que el dosel del púlpito, precioso, y el retablo del Cristo de Burgos, con carpintería pintada de blanco y oros viejos. El del crucero izquierdo contiene, sobre espejos, imponente y arcaico Crucificado, anónimo, con busto grande de Dolorosa, a sus pies, castellana, de fines del XVII o principios del XVIII, como el Cristo. A sus lados, imágenes pequeñitas de Santa María Egipciaca, cerca del modelo de Fernández, y San Diego de Alcalá, cerca del modelo de Cano y Mena. En el sagrario, insólita tablita de primitivo flamenco, con una Piedad, de principios del XVI.

En el crucero de la derecha, el retablo se centra en torno a la imagen de San Juan Bautista de la Concepción, acompañado de otros santos trinitarios, más pequeños. En el sagrario, tablita con Ecce-Homo, madrileña tal vez. Rematando los dos retablos del crucero, pequeños lienzos con una Santa y San Antonio de Padua. La cornisa presenta modillones pareados, muy separados, que se agrupan más en el anillo de la cúpula, con las pechinas pintadas más modernamente. A los pies, a la izquierda de la entrada puede verse aún una buena lápida barroca, en mármol, alusiva a la fundación de capellanías por el doctor Agustín Gallo Guerrero, en 1697. En el presbiterio, sobre el coro de diario de las monjas, la lápida que rememora el entierro de Cervantes en la cripta de la iglesia.

SAN JOSÉ

Cronología: 1730-1742.
Arquitecto: Pedro de Ribera.
Situación: c/ Alcalá, 43.

Los carmelitas descalzos se establecen muy pronto en la Corte, en 1586, y ya en 1605 inician un convento al final de la calle Alcalá, en zona aún poco edificada, dedicándose a San Hermenegildo por deseo expreso del rey Felipe III, recordando el día de su nacimiento, y frontero a la finca suburbana conocida después como casa de las Siete Chimeneas. A principios del XVIII se reconstruye la primitiva iglesia, más pequeña, que puede verse perfectamente en el Texeira, lo mismo que la considerable extensión ocupada por el monasterio. La anterior iglesia se situaba muy retranqueada con respecto a la calle, al fondo del acostumbrado compás o plazoleta cerrada.

Durante mucho tiempo sin autor identificado, ya Kübler sugirió que se trataba de Ribera, por la presencia de innumerables detalles y procedimientos de su estilo, tesis que hoy se acepta por unanimidad. Ribera posiblemente se ajustó al modelo anterior o a imposiciones de la comunidad, y en vez de experimentar con plantas caprichosas o heterodoxas, siguió la planta clásico-barroca madrileña de la cruz latina, con nave de cañón, cúpula y cabecera plana, incorporando dos filas de capillas, que al comunicarse plenamente entre sí, adoptan cierto carácter de naves laterales. Alguien mantiene que en realidad son capillas, por lo bajo de sus bóvedas, pero la amplitud de los arcos intermedios de comunicación es tal, que la apariencia y la sensación es de hallarnos en auténticas naves. El procedimiento se repite, literalmente, aunque con un desarrollo axial más breve, en otra iglesia contemporánea, de principios del XVIII, el templo de los caracciolos, conocido como Porta-Coeli.

La fachada, compleja de composición y rica en detalles, es típica de Ribera, en su libertad y fantasía, y supone, como tantas veces en el arquitecto, un híbrido, una fusión de tipos y tradiciones diferentes. Aquí, el modelo de Gómez de Mora se mezcla con el tipo vignolesco, tan difundido en la arquitectura barroca, aunque éste hoy se encuentre anulado por la ampliación hacia arriba, en los cuerpos laterales, primitivamente más bajos, de la reforma de principios del siglo XX, cuando se igualó la altura de esos cuerpos laterales con la de los nuevos edificios colindantes, construidos por Juan Moya, imitando el estilo rococó de Ribera. Se abre el típico porche o nártex de tres arcos de medio punto, pero aquí también Ribera introduce una solución diversa e imaginativa, pues en realidad es un poche de cinco huecos, ya que también dispone arcos de pórtico en el piso bajo de los cuerpos laterales vignolescos, aunque en la ciudad la tradición del porche quede ceñida al rectángulo central. Sobre los huecos del porche horada óculos ovalados, tan típicos suyos, y dispone un gran nicho-hornacina con frontoncillo curvo segmentado, cuyo copete invade el ventanal grande del coro, obligando éste a que se combe el entablamento general, rompiendo así la línea del frontón. Todo el repertorio riberesco se da cita aquí en veneras, ristras, copetes, volutas, pilastras fajadas, orejetas, etc.

Los ámbitos laterales del interior del pórtico presentan ya bóvedas planas de platillo, como las de Montserrat y Porta-Coeli, que volvemos a encontrar en las naves laterales de dentro. La decoración pintada del porche, original, es bellísima e inventiva, y no ha sido suficientemente valorada. La nave central se divide en tramos separados por grandes pilastras cajeadas con capiteles del hermano Bautista, raros en Ribera (¿restos o recuerdo de la iglesia antigua?), balcones-tribuna sobre los arcos de medio punto de las capillas, crucero recto, sin achaflanar, bóveda de cañón con lunetos y cajeados, cabecera plana, muy grande, y cúpula con tambor, aunque ciego. Los elementos son los de tradición madrileña, volviéndose en el XVIII al tipo de crucero renacentista, recto, y la iglesia, aunque oscura, impresiona por la amplitud, por la generosidad espacial y la grandeza de proporciones, especialmente en las bóvedas, verdaderamente monumentales, en la cúpula y en el presbiterio, uno de los mayores de la ciudad.

El juego de retablos principales, el mayor y los dos del crucero, éstos puestos de frente según es costumbre en Madrid, debieron hacerse a mediados del XVIII, y serían posiblemente de tipo romano-berniniano, cercanos al estilo de Ventura Rodríguez, pero lamentablemente fueron sustituidos por otros neoclásico-románticos, enormes y pesados, aunque grandiosos, de época isabelina, en el XIX, cuando el convento es desamortizado en 1835, y convertido en parroquia de San José. De ese momento central del XIX, son las soberbias lámparas de brasero, semejantes pero mucho más ricas, a las de San Ginés.

El templo es riquísimo en obras de arte, y nosotros sólo citaremos aquellas dispuestas en la iglesia. Comenzando por la derecha, en el tercer tramo, altar con Dolorosa, quizás no madrileña ni de vestir, sino anterior, a juzgar por el rostro, pero posiblemente arreglada a gusto de las del XIX, y abajo, en urna, maravilloso Cristo Yacente, descubierto después de la guerra, obra de Juan Sánchez Barba, según M.ª Elena Gómez Moreno, y muy semejante al del Carmen calzado, pero en perfecto y asombroso estado de conservación, con la policromía original intacta.

La escultura de calidad se concentra en el crucero. En el retablo derecho, importante San José con el Niño, por Luis Salvador Carmona, que trató mucho este tema, muy barroco y emotivo, y en el del crucero izquierdo, imponente Cristo del Desamparo, tallado por Alonso de Mena, en 1635, para el corregidor Fariñas, que luego lo regaló a los Capuchinos del Prado, de donde vino a aquí, el de los siete reviernes, en cedro sin policromar, dejado en su color natural. Se trata de una joya de la imaginería española clásica, expirante, tenso y trágico, aunque sereno e hierático, tremendo icono mágico y paralizante, compendio concentrado de emotividad barroca contrarreformista, con cuatro clavos y subpedáneo, al modo sevillano, que seguía las revelaciones de la santa sueca Brígida. Para Gómez Moreno hija es «emocionante en su sencillez, excepcional por estar tallada en cedro sin pintar, salvo la sangre, resultando de un tono oscuro y caliente», Hernández Díaz exclama que «imanta a los creyentes y emociona al espectador», y Martín González añade que «obra tan angustiada ha motivado una gran devoción entre los fieles». A los pies del Cristo, busto grande, de Dolorosa, castellana, de la segunda mitad del XVIII, ya algo neoclásica.

En el aparatoso retablo mayor se aprovechó del anterior dieciochesco, el grupo de la Virgen del Carmen, muy revuelto y barroco, con apoteosis de ángeles y nubes, obra de Roberto Michel, autor también del grupo en piedra del mismo tema que puede verse en el nicho de la fachada, siendo la policromía la propia del momento central del XVIII, agria o de tonos achacolatados. Rematando el retablo, por encima del entablamento, curioso y extraño, por lo iconográfico, en bronce dorado, con el Triunfo de San Hermenegildo. Por cierto, digamos, que el famoso lienzo, enorme, con el mismo tema, de Francisco de Herrera el Mozo, hoy en el Prado, y maravilla de la pintura barroca española, fue pintado según María Luisa Caturla en 1654, con destino al primer retablo mayor del templo (el presente sería por tanto el tercero).

En el fondo lateral del crucero izquierdo, junto al retablo del Cristo, un enorme arco de medio punto nos comunica con la bellísima capilla de Santa Teresa, pequeña iglesia en sí, que presenta los caracteres de la obra de Ribera, cruz griega con los brazos en exedra, tal como ya había ensayado en la Virgen del Puerto, y con el antecedente incluso en la ciudad de las Comendadoras de Santiago, con preciosa cúpula, crisol del más delicado y gracioso repertorio rococó del arquitecto, decoración que se reparte entre yeserías y ornamentación pintada al fresco, cuyo contraste de blancos densos del yeso y pasteles suaves y melosos de las zonas pintadas es de una maravillosa armonía, visible sólo ahora, en que la restauración de los técnicos nos ha rescatado este exquisito ámbito de la mejor arquitectura madrileña del XVIII. El retablo mayor de la capilla es romano-berniniano, en la línea de Ventura Rodríguez, y debió ser similar a los grandes del crucero, desaparecidos. Una Santa Teresa de mediados del XVIII, contenida de gesto, se guarda en el centro del altar, antes custodiada por unos preciosos jarrones «ming», chinos, del XVIII, ahora flanqueando al Cristo del Desamparo. En el brazo de la izquierda, maravilloso grupo en madera policromada, de San Eloy de los Plateros, procedente de la vieja parroquia de San Salvador, apoteosis barroca de Juan Pascual de Mena, quizás lo más emotivo y hermoso de toda su obra, de acentos tan finos, ricos e intensos.

LOS ESCOLAPIOS DE SAN ANTÓN

Cronología: Iglesia primitiva, 2.º cuarto del siglo XVIII.
              Reforma neoclásica, 1798-1802.
Arquitectos: Iglesia primitiva, Pedro de Ribera.
              Reforma, Francisco Rivas.
Situación: c/ Hortaleza, 63.

No se sabe cuándo se asentaron en Madrid los monjes antonianos, agrupados bajo el ejemplo de la vida del venerable ermitaño San Antonio Abad, y que solían regentar hospitales para enfermos incurables y de llagas, que solían aliviar con una «grasa o pócima» de San Antón, que obtenían de la piel del cerdo, por lo que poseían piaras de éstos, los cuales eran muy respetados por las gentes, reconociéndoseles por una campanilla que llevaban al cuello. Las llagas que producían las enfermedades venéreas eran conocidas en la Edad Media como «fuegos de San Antón», por ser sólo aliviados por la receta ya indicada. Como resultado de lo anterior, y también por otros motivos, San Antón era venerado, además de su condición de protector de todos los animales, como taumaturgo, poseedor de poderes mágicos y sobrenaturales, al que se invocaba en situaciones extraordinarias, como portentos y apariciones, o en casas encantadas, para alejar a espíritus, fuerzas y moradores no deseados. La propia «tau» que lleva el santo, unas veces como báculo, y otras como llave, es un instrumento de origen egipcio.

Lo cierto es que, según tradición, Pedro de Ribera les diseñó un templo, cuyos datos no nos son conocidos, pero que debió hacerse entre 1720 y 1744, época de actividad del arquitecto madrileño. A pesar de la drástica reforma neoclásica, en la que se borraron, quizás con saña, cualquier elemento y detalle típicamente riberescos, la planta aún evidencia la inspiración barroco-rococó de Ribera, con dos elipses interlazadas, cuyos ejes mayores no van en dirección de pies-cabecera, sino cruzados, hacia los laterales, lo que confiere al espacio una dinámica intensa pero forzada, de claro sabor centroeuropeo.

En época de Carlos IV, a fines del XVIII, extinguidos ya los antonianos, diose templo y hospital a la orden de los Escolapios, que se habían ganado un reconocido respeto como educadores, procediendo el arquitecto Francisco Rivas a una radical reforma, más evidente en la fachada del antiguo convento-hospital, que quedaba convertido en convento-colegio. Apenas trajeron los padres-maestros obras de arte, como pobres que al principio eran, por lo que la mayor parte del patrimonio actual del templo es de procedencia antoniana, pero en 1820, en época ya de apogeo, encargaron a Goya el gran lienzo de la Última Comunión de San José de Calasanz.

La fachada actual de la iglesia es muy sencilla, tras sufrir la limpieza neoclásica, aunque aún pueden rastrearse cajeados y cantoneras de Ribera. La anómala disposición de portada y hornacina superior puede deberse a la anterior portada riberesca. Las torres las proyectó Rivas iguales, continuando posiblemente otras, anteriores, atrofiadas, pero finalmente fueron quedando diferentes. La portada es neoclásica, con mensulones muy duros y planos, inscripción latina conmemorativa de la fundación escolapia, muy habituales en la arquitectura neoclásica, alero volado típico del estilo, y escudo de Carlos IV, por encima del cual un nicho contiene una excelente escultura en piedra, pintada a dos colores, de San Antón, con un libro, que debe ser la primitiva, tal vez obra del imaginero Juan Alonso de Villabrille y Ron, que colaboraba siempre en las obras de Ribera, y cuyo estilo mórbido y movido reconocemos.

Al interior, pilastras cajeadas de orden compuesto limitan el desarrollo espacial de las elipses de la planta, con un entablamento liso, de doble molduraje, que da paso a bóvedas de arista abombadas, cuyos tirantes, muy agudos, confluyen en linternas centrales, resultando así segmentos de bóveda de formas trapezoidades muy dinámicas. La capilla mayor es rectangular y de testero plano, con bóveda de cañón, decorada al fresco en el XIX con tema escolapio, y arco de medio punto sobre el retablo mayor, al gusto neoclásico de 1800, con casetones conteniendo rosetas.

El retablo mayor es neoclásico, dibujado por Rivas en 1802, con doble plano de columnas rosas compuestas y entablamento coronado por un grupo en estuco de ángeles mancebos adorando el Espíritu Santo. En el nicho central, imagen grande de San Antón, según Tormo hecha en 1796 por Pablo Cerdá.

En el primer retablo de la derecha, barroco, encontramos una Inmaculada Concepción, barroco-rococó, movida y de suave policromía, y en el altar opuesto, en la izquierda, dentro de retablo rococó, cortado por arriba, excelente Crucificado, que carece injustamente de literatura, pues es magnífico. Sigue el tipo de los de Fernández, pero más movido y expresivo, con aire trágico, que debe ser castellano, de mediados del XVII, y que es, en definitiva, uno de los mejores crucifijos de la ciudad, siendo lamentable que aún no conozcamos su autor. En el retablo izquierdo de la segunda elipse, que hace de crucero, varias imágenes interesantes, como un San José, un San Antonio y una copia de la famosa Magdalena, de Pedro de Mena, que deben ser de principios del XVIII.

Hemos dejado intencionadamente para lo último, el gran lienzo de Goya, en marco neoclásico-romántico, con la Última Comunión de San José de Calasanz, pintado en 1820, muy poco antes de las llamadas «pinturas negras» para su casa de allende el Manzanares, de ambiente oscuro y amenazador, con figurillas de una humanidad aterrada y temblorosa, en medio de un mar de sombras, cuyas cabezas naufragan en un silencio aterrador, como espectros de pinceladas desparramadas y descompuestas, uno de los cuadros más inquietantes, en su sobrecogida atmósfera, de todo el siglo XIX.

SALESAS REALES

Cronología: 1750-1758.
Arquitectos: François Carlier y Francisco de Moradillo.
Situación: c/ Bárbara de Braganza, s/n.

La esposa del rey Fernando VI, doña Bárbara, princesa portuguesa de la casa de Braganza, fea, regordeta y pecosa, pero muy culta, melómana, protectora de Scarlatti, y mujer muy querida por el pueblo, decidió erigir un convento-palacio para monjas salesas, entonces todavía no afincadas en la Corte, que le pudiese servir de posible retiro en caso de viudedad, dada la mala salud e hipocondría de su marido, para no verse obligada a soportar a su suegrastra doña Isabel de Farnesio, que volvería a Palacio en caso seguro de subir al trono alguno de sus hijos, como en efecto ocurrió.

El lujo y boato con que desde el primer momento se iniciaron las obras, con la iglesia dedicada a la Visitación, hizo pronto correr por la ciudad diversos sarcasmos, como aquéllos de «bárbaro gusto, bárbaro gasto, bárbaro gesto» o «bárbara obra para tan bárbara reina», donde no sólo se jugaba con el nombre de la soberana, sino también, y más malévolamente, con su gordura. Los autores que se han ocupado del monumento varían de apreciación, pues si para Ceán Bermúdez, el más próximo en el tiempo, fue de 19 millones de reales, para su restaurador, a finales del siglo pasado, Ruiz de Salces lo fue de 50, llegando Tormo incluso a la cantidad de 83 millones de reales, no sé si exagerada.

Se presentaron diversos proyectos, como el del arquitecto del Palacio Real, Giambattista Saquetti, discípulo y seguidor de Juvarra, pero fueron preferidos los planos del francés Carlier, hijo de un jardinero y escultor, llamado a principios de siglo, por Felipe V, para trabajar en La Granja. En esto, quizás hubo deseo por parte de la reina de molestar a la Farnesio, ya que ésta era partidaria decidida del arte italiano, y la propia soberana lo era en el fondo también, pero quiso el proyecto del francés un poco quizás, como hoy díramos «para dar la nota». Carlier, que comenzó la capilla del palacio en El Pardo, murió antes de que concluyera el templo, sustituyéndolo Moradillo, que suavizó mucho el rococó del francés, así como transformó el buque del edificio, dándole la característica planitud hispánica, al tiempo que, siguiendo una tipología portuguesa, embutió la iglesia en un bloque macizo, si es que aceptamos la tesis, muy sugerente, de Kübler.

La fachada, hoy arriba de una moderna y teatral escalinata, que otorga una beneficiosa perspectiva, se alejaba por completo del tipo tradicional de fachada madrileña, pero se sospecha que el proyecto de Carlier era mucho más movido y dinámico en que lo convirtió Moradillo, con un entrante y saliente continuo del muro, en vez de la casi radical planitud de lo construido, aunque esta fachada coincide en todo el esquema horizontal de siete calles con la de San Cayetano, diseñada por Churriguera, pero que Moradillo había acabado. Un gran cuerpo, muy horizontal, se divide en el citado número de calles, las extremas bases de las torrecillas, las intermedias de transición, y las tres centrales albergando un pórtico-vestíbulo, que aunque existe fuera de España, es como hemos visto, elemento madrileñísimo. El orden es corintio, con pilastras gigantes, que separan las calles y soportan un movido entablamento. Por encima del alero, sólo continúan las calles extremas dando paso a unos cuerpecillos chatos, con tejado curvo, chinesco o rococó, a modo de torres atrofiadas, y en las tres calles del centro, un ático, muy decorativo, pero desgarbado de proporciones, hace de ático, con un frontón añadido, muy rebajado, rematado todo con cruz y ángeles de piedra. La decoración escultórica se encomendó al murciano Alfonso Bergaz, con las estatuas en piedra de los santos Francisco de Sales y Juana Fremiot, así como angelotes, relieves y demás detalles, más o menos bueno de factura y aire, lo mejor los citados santos, y sobre la puerta principal, un precioso medallón de relieve muy fino y plano, con la Visitación, del escultor turinés afincado en Madrid Giandoménico Olivieri, uno de los creadores de la dieciochesca Academia de Bellas Artes de San Fernando, y escultor de cámara del soberano, de estilo elegante e internacional, pero frío, y a veces, inexpresivo, encerrado en un formulario tardobarroco aristocrático y distante, como la mayor parte de la escultura turinesa de este siglo. Es también suyo el grupo de la Sagrada Familia, que hoy está colocado en un lateral del jardín, antes sobre la puerta del convento.

Para la decoración interior se utilizaron con generosidad mármoles, jaspes y materiales de calidad, con grandes columnas corintias, adosadas al muro, en vez de las pobres pilastras lisas del Barroco local, de mármol verde, imponentes, las del retablo mayor, italiano pero no de raíces berninianas, como los del círculo de Ventura, con el orden avanzando pero plano. El espacio es una cruz latina, pero con la nave muy corta, tendiendo a la centralización espacial, que aquí es luminosa y apabullante, dada la riqueza y suntuosidad: las grandes columnas, las preciosas mesas rococó, de piedras de colores y rocalla de palmas y guirnaldas, las bóvedas ornamentadas con frescos y abundante y quebrado dibujo mixtilíneo, y los retablos, con pinturas grandes de estilo internacional.

Quiso la reina toda la decoración de artistas extranjeros, y los altares contienen las siguientes pinturas, comenzando esta vez por la izquierda, siguiendo a Tormo: en primer lugar, la Sagrada Familia, por Gianbettino Cignaroli, y en el crucero, San Fernando entrando en Sevilla, por Charles Joseph Flipart; en el altar mayor, la Visitación, por Francesdo del Mura, y ya en el crucero de la derecha, los santos Francisco Javier y Bárbara, por el dicho Mura, y finalmente, los santos Francisco de Sales y Juana Fremiot, por Corrado Giaquinto, el lienzo mejor de todos. Los estucos son del francés Roberto Michel, que vivía en Madrid como Olivieri, y los frescos, a fuerza de no poder ser pintados fuera y enviados, obra de los tres hermanos González Velázquez, aquí por rara vez juntos, quizás por premura en el acabado del conjunto, con pinturas por pechinas, bóvedas y cúpula, con temas de Virtudes, escenas de la vida de la Virgen, y presencia, por los patronos, de San Fernando y Santa Bárbara, que reaparecen en las esculturas del retablo mayor, obra, como las Virtudes y relieve de arriba, alusivo al fundador de las salesas, de Olivieri. Es muy rico y rococó el delirante púlpito, en alabastro y jaspes, así como el precioso pretil del coro alto de los pies, auténtica filigrana de rocalla.

A la muerte de ambos soberanos, quisieron éstos no ir al Escorial, que les producía verdaderea alergia, y se enterraron aquí, en la iglesia de sus desvelos, la que muestra a la perfección el estilo artístico de su tiempo, recargado, recetario y teatral, apenas sin vida ni expresividad, pero rico, lujoso y suntuoso. Carlos III, sucesor en el trono, fue magnánimo con su hermanastro, y encargó a su arquitecto italiano Francesco Sabatini, a poco de llegar a Madrid, el sepulcro de la pareja real, que es como un derrochador canto de cisne del Barroco ultimísimo, en el momento de desplegar todas las galas de su rutilante parafernalia antes de expirar, víctima de los purismos iconoclastas y radicales del Neoclasicismo. Sabatini y su colaborador, el excelente Francisco Gutiérrez, concibieron un catafalco parietal, cargado de simbolismo. Presenta, desde abajo, dos esculturas con la Justicia y la Fortaleza, que vigilan el pedestal, sobre el que dos leones aguantan el verdadero catafalco o ataúd, medio cubierto por colgaduras, sujetadas por uno de los dos niños que lloran, compungidos, y arriba, sobre dos globos terráqueos, alusivos al doble hemisferio del Imperio español, Saturno o Cronos, con su atributo, muestra el retrato, en medallón ovalado del rey difunto; por encima del arco, la Fama y un angelote, soportan el escudo real, en disposición idéntica a los otros grupos de la ciudad, en que colaboran Sabatini y Gutiérrez, como los de la Casa de la Aduana y la Puerta de Alcalá. Gracias al simbolismo y a la escultura tersa, dúctil y mórbida del escultor madrileño, el sepulcro resulta un disfrute óptico y sensual para los visitantes. Éstos, generalmente, no ven la otra cara del monumento, el sepulcro de la reina, que como se habrá observado, no comparece en el medallón que porta Saturno, y que se encuentra en la sala reservada situada al otro lado del muro, a la derecha del presbiterio, con una disposición muy sencilla, contrastando con el anverso público: un arca, guardada por angelotes, se corona por un medallón enguirnaldado, con el busto en perfil de la soberana, decorando el arca una venera, el escudo de Portugal y una enigmática calavera, con la corona algo más atrás. Es, por otro lado, esta sala, que cobija una maravillosa cajonería rococó, la estancia más exquisita y elegante de todo el templo, una especie de sancta santorum del apenas conocido rococó madrileño.

Después de lo visto, aturdidos y saciados por tanto Barroco-rococó, resulta enervante tener que referirse al sepulcro del crucero opuesto, pero la obligación es antes que la devoción. Se trata del sepulcro neorrenacentista, imitando al de Bellpuig, del general O'Donnell, esculpido por Jerónimo Suñol, y que quizás, en otro sitio, más apropiado, resultara hasta interesante. Pero aquí, categóricamente no.

V. LA CIUDAD DE LOS AUSTRIAS: EL SUR

SAN CAYETANO
(Actual parroquia de San Millán y San Cayetano.)

Cronología: 1678-1761.
Arquitectos: José Benito de Churriguera, Pedro de Ribera
            y Francisco de Moradillo.
Situación: c/ Embajadores, 15.

La congregación de clérigos regulares, conocidos como teatinos, fue fundada en 1524 por San Cayetano de Tiènne, con el fin de reformar la vida relajada de muchos sacerdotes. Como dice Tormo, tardaron en aposentarse en Madrid, lo que hicieron en 1644, pero no escogiendo lugar en las afueras de la población, como era costumbre en ellos, sino dentro y en lo más apretado del casco urbano. La vida de estos clérigos, que vivían como los caracciolos y los filipenses, en comunidad conventual, era extremadamente ascética, no pudiendo pedir limosnas, y sólo en casos de gran necesidad, hacían sonar a su paso una campanilla. Lo limitado del caudal fundacional les hizo posiblemente asentarse en barrio popular y barato, como el de la Ribera de Curtidores. Pronto, sin embargo, la devoción al santo, y su calidad de auxilio en los partos, hizo acrecentar enormemente los medios del convento, que edificaron lentamente, pero con gran boato, un enorme y bellísimo templo, por desgracia, prácticamente destruido en su interior en 1936, y después rehecho casi totalmente nuevo.

Los teatinos encargaron un primer proyecto de templo al arquitecto Marcos López, que apenas avanzó, tomando las obras hacia 1700 José Benito de Churriguera, a quien se debe la amplia y ambiciosa fachada, que se aparta un tanto de la habitual en las iglesias barrocas madrileñas hasta esa fecha, aunque incorporando un elemento tradicional en la ciudad, el pórtico de tres arcos. Esta fachada tiene un claro desarrollo horizontal, con siete calles verticales, separadas por potentes pilastras corintias de orden gigante, que debían haber continuado, en las calles extremas, en sendas torres. Las cuatro calles laterales albergan magníficos ventanales con frontones clásicos, y en las esquinas, las pilastras cajeadas se doblan, una por cada plano, en una solución verdaderamente monumental. Las tres calles centrales incluyen el referido porche, sobre el cual tres hornacinas presentan magníficas esculturas en piedra, documentadas como obras de Juan de Villanueva, padre, y Andrés de los Helgueros, representando a Nuestra Señora del Favor, con el escapulario, titular de una anterior ermita en el paraje, y a los santos Cayetano y Andrés Avelino, de talla prolija y amplia, digna de un Carmona. Completando el espacio superior de cada calle, se abren óculos ovalados, de delicado sabor ya rococó, rematándose todo por un soberbio entablamento de opulentos modillones, dispuestos en ritmo único, que se cubre por un teatral alero. La disposición de los ejes apilastrados, avanzando sobre altos plintos, del plano general de la fachada, produce un movimiento de avance y retranqueo en el alero, que tiene como resultado un intenso sabor barroco. La parte alta de esta fachada, así como las cubiertas generales del conjunto, nunca se llegaron a hacer, con lo que la totalidad de éste quedó bastante mermada.

La dirección de Churriguera no pasó más allá de la fachada, elaborando un complejo y algo fantástico proyecto de conclusión Pedro de Ribera, a partir de 1720, con exóticos remates de bulbos para los campanarios, y una enorme cúpula, acampanada, con detalles que le conferían un sabor oriental, casi de pagoda china, siendo una pena que no se llevara a cabo. Ribera debió encontrarse con una planta dibujada, o quien sabe iniciada, de tres naves, y la reconvirtió en un híbrido complejo, confuso, pero muy original y atrevido, una verdadera iglesia doble, influido por las experiencias de multiespacialidad de la arquitectura contemporánea centroeuropea, con paralelos en Fischer von Erlach.

Nos encontramos, en primer lugar, al penetrar, con un templo de aparente cruz griega, con cuatro brazos, flanqueados por cuatro capillas cuadradas en los ángulos, con pequeñas pero vistosas cúpulas. Más allá del supuesto presbiterio, la nave principal continuaba, acabando en un testero plano, pero no morían los ejes laterales, que dejando atrás las capillas angulares, pasaban a unos tramos intermedios, estrechos, que eran el umbral de fantásticas capillas terminales, con planta de tréboles de cuatro hojas, y que marcaban el punto final de los ejes laterales por detrás del principal, disponiéndose en la zona trasera del amplísimo solar el área del convento, con dos patios simétricos.

Sólo se llegó a construir la zona de la cruz griega,

con sus cuatro capillas angulares, donde Ribera desplegó un repertorio ornamental de ménsulas de roleo, decoradas con veneras y querubines, de dibujo muy fino y sofisticado. Las capillitas son cuadradas, que pasan a cupulitas octogonales en el interior, mediante preciosas trompas, decoradas con tréboles, guirnaldas, ristras de ajos, colgaduras y veneras boca arriba. La conclusión de estas bóvedas y lucernarios, así como la erección de la gran cúpula central, la llevó a cabo Francisco de Moradillo, mezclando elementos del rococó madrileño con otros, aprendidos en el taller de Palacio, de raíces franco-italianas.

Como ya se ha dicho, el interior del templo ardió de manera funesta en 1936, desapareciendo uno de los conjuntos de mayor riqueza artística que había en la ciudad. No sólo se perdieron las pinturas e imágenes del convento teatino, sino las de numerosas cofradías radicadas en la iglesia, ocupando las cuatro capillas, y las procedentes de la vieja y venerable parroquia arrabalera de San Millán, demolida por la revolución de 1868. De aquel acervo, hoy nada queda en su interior, pues lo poco y pobre que vemos es posterior a la reconstrucción urgente acabada la guerra. Anotar sólo, más por curiosidad histórica, las imágenes de San Millán, de la vieja parroquia, y San Cayetano, la traída a Madrid por los teatinos, que si son las primitivas, deben estar bastante restauradas. En la capilla de paso a la sacristía, grupo completo pero moderno, del Cristo de los Dolores, llamado también de la Victoria, réplica del famoso de Domingo de la Rioja.

CAPILLA DEL CRISTO DE LOS DOLORES
(De la Venerable Orden Tercera.)

Cronología: 1662-1668.
Arquitectos: Francisco Bautista y Sebastián Herrera Barnuevo.
Situación: c/ San Buenaventura, 1.

Con gran celeridad levantaron los franciscanos seglares de la Venerable Orden Tercera una capilla independiente, poco después de mediado el siglo XVII, junto al monasterio medieval de San Francisco, en el arrabal de las Vistillas, en cuyo templo ya tenían capilla desde los tiempos de la fundación. La congregación contó siempre en Madrid con numerosos adeptos, pero en el XVII adquirió un desarrollo extraordinario, con abundantes pintores, escultores, artistas y escritores entre sus miembros. Quizás por este crecido número de componentes la hermandad quiso contar con iglesia propia, amplia y capaz para convocar a los cultos a tan numeroso grupo de componentes.

La capilla se situó paralela al viejo templo monacal, en un solar al norte de la iglesia franciscana, que en el Plano de Texeira aún puede verse vacío, orientándose la nueva capilla con la cabecera al este, como era obligado en las parroquias, aunque no en los templos conventuales.

El proyecto de construcción del oratorio aparece firmado por el jesuita Francisco Bautista y por Sebastián Herrera Barnuevo, contratando la hermandad la obra de ejecución con el maestro de obras Marcos López, colaborando con éste Juan Delgado, por imposición de la cofradía, y actuando Herrera como juez en la obra del tabernáculo, que se hizo con proyecto de Bautista para el altar principal, realizada por Juan Ursularre.

Se hizo el templo adoptando la planta más frecuente en las capillas de hermandades o congregaciones seglares, la rectangular, lineal o de único eje, a modo de salón, sin naves ni capillas laterales, y rehuyendo por tanto la nave transversal. La capilla del Cristo se concibió como una sucesión lineal de tres espacios diferentes, nave —dividida a su vez en tres tramos—, crucero y capilla mayor, cumpliendo cada uno de estos ámbitos una función específica en los cultos, la nave para los hermanos, la zona bajo la cúpula, que hace de falso crucero, para la junta mayor y personajes relevantes, y la cabecera para el culto. Se trata sin duda de una arquitectura concebida por sus autores para un programa concreto de cofradía, espacio y culto.

El alzado de los muros sigue el lenguaje característico del Barroco madrileño, con pilastras toscanas cajeadas articulando el ritmo triple de los tramos de la nave, con grandes espacios murales vacíos entre pilastra y pilastra, primitivamente ocupados por grandes retablos barrocos. Un entablamento sobrio y elegante, de sutil molduraje, con modillones geométricos pareados decorados con medallones o monedas engarzadas a modo de escamas, cede paso a la bóveda de cañón cajeada, con múltiple molduraje. A los pies de la nave se dispone un pequeño coro suspendido, encima del ingreso al templo.

La cúpula es de una sencilla elegancia, pero rica en sutiles detalles de dibujo y ornamentación. Un precioso anillo de modillones continuos, y no pareados como es usual en lo madrileño, da paso a un tambor corto y ciego, sobre el que se dispone la media naranja, dividida en segmentos por tirantes apilastrados, que acaban en mensulitas enrolladas, bellísimas, sobre el cuello de la linterna, ya con huecos de luz, sobre los que corre un alerito, que se retranquea sobre las ventanas, produciéndose así una ruptura de entablamento, efecto que introduce en esa zona una intensa dinámica.

Dinámica muy rítmica, también, la que se produce en el encuentro de nave con la zona de falso crucero, bajo la cúpula, con el avance de los muros en los cuatro ángulos, que se convierten así en potentes machones para los cuatro grandes arcos del ya dicho falso crucero. Las pechinas son casi triangulares, a pesar de presentarse los machones achaflanados, y se decoran de manera muy sutil e ingeniosa, con una decoración de indecible gusto, con el triángulo roto en porciones separadas, enmarcadas por un bocelón formado por hojitas enrolladas, y unidas las partes mediante rositas, pintándose en sus interiores en grisalla motivos de escuditos y angelotes.

Es difícil resumir en pocas líneas el cúmulo de exquisiteces ornamentales y arquitectónicas que se dan cita en este interior. Sus autores demuestran el dominio profesional en el manejo de superficies, alzados y motivos ornamentales, coincidiendo con un momento de aguda crisis económica, y manejando los humildísimos procedimientos del estuco, el yeso y el enfoscado. Los cajeados, el dibujo de las molduras, el vuelo y riqueza de planos en los aleros y la holgura cierta y concreta de los espacios configuran una obra maestra del Barroco madrileño, a la que bien podemos calificar de prodigiosa.

Pero la capilla del Cristo de los Dolores atesora aún otro momento estelar del arte español de fines del XVII, a modo de soberbio estuche: el tabernáculo diseñado por Bautista, para contener la devota imagen del Cristo.

Fue contratado por el carpintero Juan de Ursulare en 1664, y dorado por Juan de Villegas, y ampliado algunos años más tarde, en 1680, con sagrario y pedestal de mármoles y jaspes, a cargo de Rodrigo Carrasco. El tabernáculo se yergue exento, en el centro de la cuadrada capilla mayor, para permitir a los hermanos deambular en torno al Cristo, y semeja una estructura cupular reducida a los elementos básicos de soporte, con las zonas de muro caladas, resultando una asombrosa estructura transparente.

En su interior se puede contemplar una de las varias versiones que surgieron, a raíz del gran éxito obtenido por el Cristo de Dolores, que el escultor Domingo de la Rioja hizo para una beata extremeña en 1635, y que el Rey tuvo incluso durante meses en el Alcázar. Se trata de una emotiva «imago pietatis» de intensa expresividad y alto contenido teológico-iconográfico, que procede, como estudió Hernández Perera, del arte medieval germánico, y que supone el triunfo de Cristo sobre el mal y la muerte, presentándose Cristo enhiesto, con la cruz sostenida por un brazo y con otra mano señalando la llaga de su costado, mientras levanta un pie sobre un cráneo, símbolo del Tiempo y de la muerte, y un domesticado dragón se enrosca alrededor de la cruz, símbolo del dominio de Cristo sobre el mal y la destrucción.

Este tipo de iconos despertaban en la religiosidad española de la época de los Austrias intensos pietismos espirituales, veneraciones enfermizas y pretexto para rebuscados cultos y desfiles procesionales. Dentro de este tipo de imágenes se situaron piezas como el Cristo del Perdón, de Pereira, repetido varias veces por Carmona, o Jesús abrazando su Cruz, de los imagineros sevillanos, de complejos significados crípticos. El Cristo de los Dolores, en el prototipo de Rioja, repetido aquí y en otras versiones, compendió dolor, sacrificio y resurrección, ideas fundamentales en el ambiente católico de la Contrarreforma. A los pies del Cristo, puede verse también un excelente busto de Dolorosa, que parece castellana, del XVIII, dentro de la iconografía de la Virgen del Cuchillo, tan divulgada en Castilla.

Se completa el ciclo escultórico con ocho imágenes de santos, cuatro en el crucero, y otras cuatro en la capilla mayor en los ángulos, todas sobre sendas repisas. Estas últimas son de Baltasar González, talladas mientras se construía la capilla, y representan (de derecha a izquierda) los santos Roque, Isabel de Portugal, Luis rey de Francia y Margarita de Cortona. Las imágenes del crucero pertenecen a dos manos distintas: a un escultor de la misma época que González, tal vez un poco antes, otra vez San Luis y Santa Isabel de Portugal, y a una mano de principios del XVIII, las de San Zacarías y Santa Isabel, padres del Bautista, grandes y potentes de expresividad.

Tras el desmantelamiento que aún no hace mucho sufrió la capilla, los retablos barrocos laterales no volvieron a ser montados, disponiéndose hoy en su lugar grandes lienzos de la Pasión, excelentes, del todavía mal conocido Juan Cabezalero, que muere en 1673, y cuya serie, de colores refinados, intenso tenebrismo y densa composición, debió pintarse por los mismos años en que se hacía la obra de la capilla.

A la capilla mayor asoman dos ventanales, que forman parte de las estancias que se disponen más allá del muro de cierre de la cabecera, con lo que el eje lineal se prolonga más adelante, con dos piezas, la antesacristía y la sacristía propiamente dicha, que componen un programa de múltiples espacios superpuestos. En la primera sala, más humilde, magnífico aguamanil de pared, en mármoles de motivos ampulosamente barrocos, y en la sacristía, típicas yeserías y frescos en la bóveda en grisalla de Teodoro Ardemans.

Al exterior, puede contemplarse la graciosa y delicada silueta de la cúpula, afortunadísimo híbrido entre chapitel, torre y domo, creación genial, a fuerza de exótica, casi oriental, castiza y cargada de sabor, dividida exteriormente en ocho caras que se amenizan con pequeñas buhardillas que arrojan luz a la linterna del interior, y que más tarde Pedro de Ribera adoptará en su famosa capilla de la Virgen del Puerto.

Capilla del Hospital de la Venerable Orden Tercera

Cronología: 1693-1699.
Arquitectos: José del Arroyo y Felipe Sánchez.
Situación: c/ San Bernabé, 11.

Poco después de concluir la hermandad la capilla del Cristo de los Dolores, paredaña al monasterio franciscano, decidió la congregación terciaria construir un hospital para sus hermanos enfermos, encomendándose las obras al arquitecto que había dirigido la construcción de la capilla de Bautista, Marcos López. El hospital se ubicó en un paraje cercano, más hacia el sur, y en lo alto del cerro de las Vistillas, lo que permitiría unas condiciones de aireación muy convenientes para el destino hospitalario. La capilla del hospital se inició, una vez habían acabado los trabajos del primero, con un proyecto de José del Arroyo, arquitecto que poco antes había trabajado en la Casa de la Villa, y que a su muerte, fue sustituido por Felipe Sánchez, consagrándose al culto poco antes de 1700.

La fachada es sobria y elegante, un rectángulo vertical, como es costumbre en la mayor parte de los templos madrileños, con portada de arco de medio punto, trasdosado, entre pilastras toscanas, cubierta por un leve guardapolvo, sobre el que se abre, directamente, un ventanal, rematado por el escudo de la congregación, flanqueado de dos diminutos óculos, sin enmarcar, muy originales, que juegan con el que se abre en el frontón de cierre, éste sí enmarcado, quedando toda la fachada limitada por altos pilastrones toscanos. Hasta aquí, ni la composición ni la distribución de elementos denota originalidad ni audacia, dentro del ambiente, pero es en cómo se mueve sobre el plano esta superficie donde radica lo insólito de este recurso en la tradición barroca madrileña, tan aferrada a los muros planos y extáticos. Ha sido ya indicada la ascendencia de las obras de Borromini sobre la fachada de la pequeña capilla franciscana, y en efecto, como en aquéllas, aunque de modo mucho más humilde y discreto, la fachada se hunde hacia dentro, produciéndose un vistoso efecto de plano cóncavo, aunque la parte central del muro vuelve a quedar apaciblemente plano. Este combamiento cóncavo determina la presencia de un doble orden toscano de pilastras, las que cierran el muro, y su correspondiente desdoblamiento hacia dentro, así como el gracioso perfil mixtilíneo y curvo de la cornisa de cierre en el frontón superior.

El interior es de una sola nave, con los muros del último tramo, antes del presbiterio, ligeramente retranqueado, para producir sensación de crucero, y sin capillas, adhiriéndose al muro, sendos retablos barrocos, de principios del XVIII, que en este caso llenan la totalidad de la caja retranqueada en el muro. La cupulita apenas tiene un cortísimo tambor, con tirantes en el casquete, que confluyen en una pequeña linternilla, pero distinguiéndose de todas las cúpulas de la ciudad por abrir en los plementos o gajos, cuatro deliciosas lucernillas ovales.

El retablo mayor es neoclásico, con columnas de orden compuesto que avanzan y entablamento liso de mutilos, labrado a fines del XVIII por Patricio Rodríguez, según proyecto del arquitecto Francisco Sánchez, rematado por ángeles de estuco que arrastran filacterias, con aureola central. Menos la Inmaculada del centro, las esculturas de imágenes laterales, medallones, angelotes y grupo de coronamiento, parecen de la misma mano, y algo más movida y barroca, la Inmaculada Concepción, más rococó, de mediados del XVIII.

En los retablos barrocos de la derecha, muy bellos y prolijos, pinturas de la Asunción, castiza y dieciochesca, que a Tormo le recordaba al sevillano Domingo Martínez, seguidor de Murillo, y la Muerte de San José, considerada desde antiguo como obra de Pedro Ruiz González, en torno a 1700. A los pies de este muro soberbio Crucificado, no lejano a los del granadino José de Mora, que Tormo da como obra del desconocido José López, hecho en 1782, y donado por su autor, y en urna, un magnífico busto de Ecce-Homo, en barro cocido policromado, y que Tormo vio en una dependencia del hospital. En los retablos del muro izquierdo, pinturas de la misma época que las vistas enfrente, con San Miguel y un fondo de Calvario. Se conservan, también, en diferentes puntos, el San Antonio, dieciochesco, tal vez murciano, según Tormo, copia del prototipo de Alonso Cano, en Granada, y el curioso San Isidro, policromado, quizás del XVII.

SAN FRANCISCO EL GRANDE

Cronología: 1761-1784.
Arquitectos: Fray Antonio Cabezas, Francisco Sabatini
              y Antonio Pló.
Situación: Plaza de San Francisco, s/n.

Nada más llegar a Madrid el rey Carlos III promueve
la construcción de un gran templo que sustituyera el
viejo y posiblemente mezquino del monasterio franciscano, fundado en el siglo XIII, según la tradición por el
propio santo de Asís. Madrid careció siempre de catedral,
registrándose ciertas tentativas de levantar un templo,
que con su categoría o no, pudiese servir de escenario a
las grandes solemnidades religiosas. Gómez de Mora,
Sacchetti y más cerca, Ventura Rodríguez, habían ela-
borado planos catedralicios, que solventaran esa carencia.
En algo de eso debió pensar el monarca al fomentar
con apremio la construcción de éste.

El proyecto se encomienda a Ventura Rodríguez,
árbitro del panorama madrileño a la llegada de Nápoles
del nuevo rey, pero diversos problemas, que se debieron
más a una abierta hostilidad hacia Rodríguez, impensable
sólo meses antes, y la antipatía que enseguida sintió el
monarca hacia su persona, hizo que las obras se enco-
mendaran al fraile Antonio Cabezas, que presentó un
plano de iglesia en rotonda, con capillas radiales, y que
según Tormo gustó más a la comunidad de franciscanos,
vinculados con la Orden de la Santa Cruz en Jerusalén,
por su parecido con el Santo Sepulcro. Pronto empezaron
a manifestarse fallos de cálculo, agravados por la inex-
periencia e ineptitud de Cabezas, encomendando la Academia de San Fernando a Diego de Villanueva un informe para solucionar los problemas surgidos. Villanueva

era viejo rival de Rodríguez, y éste, dolido por haber sido desplazado del proyecto, arremetió cruelmente contra el informe de Villanueva. La Academia terminó dándole la razón técnica a Rodríguez, pero cuestionando el procedimiento. En esa situación delicada, la solución de compromiso fue introducir hombres nuevos en el proceso, encargándose Sabatini de la fachada, y Antonio Pló de cerrar las bóvedas, punto éste el más arriesgado.

La fachada de Sabatini no pudo ser más desgraciada y anodina, desgarbada, sin convicción, sin gracia y sin pizca de genio. Ni siquiera encontramos profesionalidad, pues la imbricación de columnas, arcos, impostas o ventanales no pudo ser más torpe ni desmañada. El frontoncillo que colocó en el centro produce sonrojo, vergüenza ajena. No lo hubiera hecho peor intencionadamente. Las torrecillas, retranqueadas, tienen algo más de gracia, pero se pierden en el naufragio general. La cúpula del interior, inmensa, es una de las mayores del mundo, en diámetro, con 33 metros, pero el carecer de tambor con tamaña magnitud la paraliza, la suprime su grandeza, la inutiliza en fin. Como arquitectura, Madrid hubiese ganado más de no haberse levantado nunca semejante adefesio.

Mucho más interesante es el repertorio pictórico de las seis capillas interiores, más la séptima de la cabecera. A Tormo, por cerca aún, no le parecía tan interesante, pero hoy, a finales de siglo, comenzamos a valorar y a estudiar toda la pintura del XIX, en sus variadas y contradictorias tendencias. La decoración del interior, quizás fatigosa, no parece hoy tan de mal gusto como quería la crítica de hace unas décadas. Es cierto que hay evidentes excesos. El exceso, estético, literario o historicista, forma parte de la propia dinámica ideológica y cultural del siglo, y hoy empezamos a estar libres de prejuicios para poder iniciar una valoración seria y científica del arte de aquella época. No sólo las vanguardias nos interesan, movimientos y artistas desdeñados, por burgueses, conservadores o convencionales, empiezan a cautivarnos. Artistas considerados melosos, cursis o retóricos, hoy nos conquistan, poseedores de oficio, técnica, inspiración y colorido. La decoración de las capillas se ha ido haciendo a lo largo de todo el siglo pasado, comenzándose a fines del XVIII con las capillas inmediatas al ingreso. Nosotros, al menos de momento, renunciaremos a citar todo lo que en este interior se muestra, porque nos ocuparía bastantes páginas; para el lector ávido, o el experto, remitimos a publicaciones más específicas y minuciosas, y casi puede decirse que en la presente citaremos sólo la pintura.

Las puertas del vestíbulo, en nogal americano, son de finales del XIX, con relieves inspirados en el Renacimiento español y ornamentación gótico-flamígera, por Antonio Varela, Agustín Mustieles, Justo Notario y José Callejo (modelos, talla, carpintería y herrajes, respectivamente). Las estatuas de la rotonda, con los doce apóstoles, en mármol blanco de Carrara, son de escultores españoles dell XIX, como Ricardo Bellver, Agapito Vallmitjana, Elías Martín o Mariano Benlliure, entre otros.

Dando la vuelta al deambulatorio, de derecha a izquierda, las capillas son:

Capilla de San Antonio: De finales del XVIII, pintada en competencia. En el centro, Inmaculada Concepción, por Mariano Salvador Maella. A la derecha, Abrazo de los santos Domingos y Francisco, por José del Castillo. Y a la izquierda, la Sagrada Familia, por Gregorio Ferro.

Capilla de las Mercedes: Todo obra de Carlos Luis de Ribera, magnífico pintor, de muy bello colorido, muy estimado hoy por sus retratos. En el centro, Virgen y Niño Jesús mostrando sus corazones. A la derecha, San Antonio y el Niño Jesús. Y a la izquierda, Jesús y los niños. Preciosas pechinas, cerca de la pintura del Segundo Imperio francés, con Virtudes. En la cúpula, Apoteosis del Amor Divino.

Capilla del Sagrario o de la Pasión: En el centro, la Crucifixión, de Hernández Amores, de 1885. A la derecha, el Sermón de la Montaña, por Moreno Carbonero, en 1886. Y a la izquierda, el Entierro de Cristo, sugerente y misterioso, simbolista como todo lo de Antonio Muñoz Degrain, de 1886.

En la capilla mayor, dividido el muro del ábside en tres calles, separadas por vastas pilastras corintias, frescos con escenas de la vida de San Francisco, ricos de color simbolista y pincelada suelta y desenfadada, por Manuel Domínguez y Alejandro Ferrant, pintados en 1885, que sustituyeron la disposición primitiva, más elegante, con un retablo-cuadro neoclásico, que contenía el Milagro de la Porciúncula, por Francisco Bayeu, hoy en el museo. Hoy se encuentra aquí la mayor parte de la sillería del convento del Parral, de virtuosa y obsesiva talla renacentista, obra de Bartolomé Fernández, en 1525, que debería volver a su sitio.

Capilla de la Virgen del Olvido o de Carlos III: Llamada así por una Virgencita largo tiempo escondida y olvidada, en el altar. En el centro, Carlos III fundando la orden de su nombre, de bellísimo colorido y toque preciosista, casi pompier, de 1886, por Casto Plasencia. A la derecha, la Proclamación del dogma de la Inmaculada, por Eugenio Oliva, en 1886. Y a la izquierda, la Virgen del Carmen, por Manuel Domínguez, también de 1886. Toda la ornamentación de Plasencia.

Capilla de Santiago: En el centro, Santiago en la

batalla de Clavijo, por José Casado del Alisal. A la derecha, Bautismo de San Juan en el Jordán, por Contreras, en 1885. Y a la izquierda, Santiago y San Juan Bautista, por José Martínez Cubells.

Capilla de San Bernardino: Hecha también, como la primera, en competencia. En el centro, San Bernardino de Siena predicando, por Goya, pintado en 1782-83, con un autorretrato. A la derecha, San Antonio de Padua, por Andrés de la Calleja. Y a la izquierda, San Buenaventura descubriendo el cuerpo de San Antonio, por Antonio González Velázquez. Los frescos de la cúpula los hizo Luis Menéndez Pidal, a principios del siglo XX, con Virtudes y Ángeles.

En los plementos de la cúpula, con un repertorio iconográfico cristiano muy amplio, colaboraron Plasencia, Domínguez, Ferrant, Carlos L. de Ribera y Martínez Cubells. Delante, en el arranque, y flanqueando los lunetos, lo mejor escultórico del templo, los ángeles de Alfonso Bergaz y Manuel Adeba Pacheco, de fines del XVIII. Y las vidrieras, todas historiadas, de la casa alemana Mayer, de 1882.

VI. LA PERIFERIA DE LA CIUDAD HISTÓRICA

San Jerónimo el Real

Cronología: Templo primitivo, 1503-1505.
                   Reconstrucción: 1848-1883.
Arquitectos: Narciso Pascual Colomer y Enrique Repu-
                   llés y Vargas.
Situación: c/ Ruiz de Alarcón, s/n.

Los orígenes de este templo, situado fuera del casco histórico, se remontan a 1464, en que reinando Enrique IV, dispuso éste la erección de un monasterio de
jerónimos en el camino de El Pardo, a orillas del Manzanares, con el fin de conmemorar uno de los muchos
«pasos» o torneos, que propiciaba entre sus caballeros.
Como el paraje resultó pronto insano y muy húmedo,
la comunidad pidió pronto el traslado a diferente lugar,
favor que les fue concedido en 1503 por los Reyes
Católicos, comenzándose un nuevo convento al este de
la villa de Madrid, suficientemente alejado de lo que
entonces era la ciudad amurallada y sus arrabales.

Como todo monasterio de jerónimos, orden que sólo

se encontraba en los países de la Península Ibérica, creció pronto en riqueza y extensión, favorecidos grandemente por los monarcas castellanos, que tenían costumbre de pasar temporadas en ellos, retirados de los asuntos de gobierno, y disfrutando así de la recogida y silenciosa vida claustral.

Precisamente estos retiros del emperador Carlos y su hijo Felipe II al monasterio jerónimo madrileño acabó por darle a éste la denominación de Buen Retiro, instalándose los monarcas y sus más íntimos allegados en una zona anexa, que fue llamada Cuarto Real primero, y Cuarto Viejo después. Aprovechando esta costumbre de los monarcas, el Conde Duque de Olivares, en 1630, decide la construcción de un gran palacio de retiro y fiestas para Felipe IV, de quien era primer ministro, y basándose también para el proyecto en una finca de su propiedad conocida por La Pajarera.

Así, el carácter de real que el monasterio siempre tuvo desde los comienzos, quedó firmemente reforzado al quedar casi incorporado a uno de los «sitios reales» de los Austrias, el Palacio del Buen Retiro, celebrándose en su iglesia bodas, bautizos, funerales y proclamaciones del príncipe heredero, carácter que todavía hoy se mantiene plenamente.

La iglesia de los Jerónimos, interiormente, pertenece de lleno al tipo de templo, con alguna u otra vinculación real, característico de la segunda mitad del siglo XV, y que hoy es conocido como templo de Gótico isabelino, por coincidir con el reinado de Isabel la Católica. Estos templos pertenecen a una tipología netamente castellana, influida por las grandes iglesias de las órdenes mendicantes y de predicadores, donde se tiende a la homogeneidad espacial, a la sencillez de formas y a una gran diafanidad. Todas estas iglesias, entre las que pueden destacarse San Juan de los Reyes, en Toledo, San Pablo, en Valladolid, o Santo Tomás, en Ávila, coinciden en unos caracteres homogéneos.

Son éstos: Nave única, muy ancha y alta, con capillas laterales, profundas, pero de bóveda muy baja, en relación con lo alto de la bóveda general, crucero amplio, machones del crucero en esquina, cabecera frecuentemente plana, y lo que es más característico, un gran coro a los pies, elevado, con lo que se produce el típico sotacoro, los primeros tramos de la nave con bóveda muy baja, de arco muy rebajado, escarzano, dándose por tanto en esta zona inicial un doble abovedamiento.

El monasterio, como todos los edificios situados al este del casco histórico, fue ocupado por las tropas napoleónicas, en 1808, y la iglesia convertida en dormitorio de la soldadesca, por lo que resultó con graves deterioros, incrementados cuando Wellington hizo explosionar toda esta zona de Madrid. Acabada la guerra, se inició una lenta reconstrucción, agravada por el estado lastimoso en que había quedado la economía nacional, y encargándose de las obras Narciso Pascual Colomer, sustituido más tarde, en la segunda mitad del XIX por Repullés y Vargas, que dirigió la consolidación y ornamentación.

Para Tormo, prácticamente todo, menos las grandes y hermosas bóvedas góticas de ricas nervaduras, es obra moderna del siglo pasado (arcos, triforio, altares, coro y exterior). Afuera, se mantuvo el aire del buque primitivo, pero eliminando las curiosas almenas que tanto sabor le daban, y que puede verse en el Texeira y en las vistas antiguas, y añadiendo todo un bosquecillo de flechas góticas o pináculos, modestas y nada airosas, además de dotar a la cabecera de una pareja de altas torres, con aire normando, disposición la de éstas en la zona de cabecera, sin tradición ni antecedentes en la arquitectura gótica española. La reconstrucción se hizo además utilizando materiales de mala calidad, lo que obliga a continuas restauraciones, que tienen como fruto un incesante deterioro. La portada, en piedra arenisca que continuamente se deshace, fue obra neo-gótica, inverosímil y ridícula, del escultor Ponciano Ponzano, con el tema del Nacimiento de la Virgen en el tímpano. La escalinata, que salva la elevación considerable en que el conjunto se levanta, es de principios del siglo XX, hecha para los esponsales de Alfonso XIII.

Apenas ninguna de las obras de arte que hoy atesora su interior, procede de la vieja iglesia, completamente desmantelada en la ocupación francesa. Las que hoy pueden verse proceden de iglesias y conventos desaparecidos —las imágenes—, y del Museo del Prado, en depósito —las pinturas—. No las citaremos todas, pero sí aquéllas de valor e interés significativo.

La primera capilla de la derecha, a partir de los pies, guarda una réplica antigua, del XVII, del famoso Cristo de los Dolores, muy interesante, y dos imágenes del Padre Eterno, monumental e impresionante, y de la Virgen del Rosario, de fines del XVIII o de principios del XIX. En la segunda capilla, lienzo de la Virgen con santos dominicos, que parece del XVII, y en la tercera, imagen de San José con el Niño, de aire barroco, pero que parece del XIX. A continuación, en la capilla cuarta, lienzo de Vicente Carducho, con el martirio de San Ramón Nonato, pintado hacia 1631 para un retablo de crucero del convento mercedario de Santa Bárbara. Y finalmente, en la quinta capilla, gran cuadro del Calvario, que parece ser el que cita como de Llaneces, Tormo, no acabado a la muerte del pintor, y de hermoso y casi simbolista halo de luz alrededor de la cabeza de Cristo.

Los retablos de crucero y cabecera son neogóticos del XIX, como la mayor parte de todos los retablos de las capillas, de aire rutinario y convencional, nada notables. Algo más interesante es el retablo mayor, imitando los de batea, pero sin guardapolvo, diseñado por Repullés, y con tablas de José Méndez, que imitan la pintura española de finales del XV o principios del XVI, con rojos chillones y exceso de oros. De diseño diferente, y algo más imaginativos, los dos retablos frontales del crucero, con abundante carpintería gótica decorativa, y ya muy tardíos, de principios del XX. El de la derecha, contiene Dolorosa, de vestir, madrileña, del XIX, como tantas, pero en el del crucero izquierdo se venera una joya de la imaginería madrileña del XVIII, el hermoso Cristo de la Buena Muerte, procedente de la vieja parroquia de Santa Cruz, titular de antigua cofradía extinguida, obra de Juan Pascual de Mena, sereno y de exquisito modelado.

Completando el itinerario de capillas por el lado de la izquierda, y partiendo del crucero hacia los pies, en la primera capilla, preciosa Inmaculada, del tipo de las de Gregorio Fernández, repintada en el XIX. En la capilla siguiente, estupendo grupo de San Francisco con el niño Jesús, que Tormo cita como de 1800, procedente de los Capuchinos del Prado, y que sigue algo el estilo de Carmona, pero simplificando la talla. En la misma capilla, lienzo de San Francisco en la Porciúncula, muy bueno, de la primera mitad del XVII, y que Angulo-Pérez Sánchez consideran como obra de Félix Castelo.

En la tercera capilla, según el orden que llevamos, el lienzo de Vicente Carducho compañero del que vimos antes, con el martirio de San Pedro Armengol, pintado hacia 1631 para un retablo colateral del convento madrileño de Santa Bárbara. A continuación, en la penúltima capilla, además de Virgen del Carmen, del XIX, curiosísimo grupo en barro policromado, también del XIX, de las Ánimas del Purgatorio (lo habitual son los cuadros). Y finalmente, en la capilla bautismal, la extraordinaria Pentecostés, pintura del gran Juan Bautista Mayno, restaurada, y de maravilloso colorido, como todo lo suyo, posterior a 1612 según Mayer.

Son muy abundantes las lámparas, de estilo neogótico, y el conjunto de vidrieras. De éstas, según Tormo, son francesas, y de la segunda mitad del XIX, las del muro y capillas de la izquierda, y las del crucero y capilla mayor, siendo españolas, de finales del XIX, las del lado derecho.

Ermita de la Virgen del Puerto

Cronología: 1718-1720.
Arquitecto: Pedro de Ribera.
Situación: Paseo de la Virgen del Puerto, s/n.

Una de las primeras reformas urbanas que llevó a cabo, en la tan necesitada Corte de principios del siglo XVIII, don Antonio de Salcedo y Aguirre, primer Marqués de Vadillo, fue el allanamiento, urbanización y embellecimiento de la amplia e irregular explanada, a veces hasta pantanosa, que quedaba entre el Campo del Moro, parque del Alcázar, y el río Manzanares. Encargó la obra al joven arquitecto Pedro de Ribera, a pesar de que el maestro mayor del Concejo era Teodoro Ardemans, quizás porque éste padecía una enfermedad que le impedía trabajar con buen ritmo, lo que conllevó ciertos problemas entre Ardemans y el corregidor.

Ribera, en 1718, apenas era conocido, siendo de

fechas posteriores las obras que tan justa fama popular le han conferido, y es evidente, por los encargos ulteriores, que los proyectos y diseños para el parque debieron encantar al alcalde. Además de la natural jardinería y obras de allanamiento del terreno, Ribera dispuso unas rampas que facilitaran cómodamente la bajada, dada la aguda inclinación del suelo desde el altozano del Alcázar hasta el cauce del río, y diseñó fuentes, que han desaparecido, y una pequeña ermita, donde el marqués instituyó una capellanía para la Virgen del Puerto, patrona de Plasencia, de donde era natural el corregidor. Con el tiempo se afianzó la costumbre de que los gallegos residentes en la Corte celebraran sus bodas y romerías en la explanada del río.

Desde el principio de su carrera, demostró ya Ribera su vasta formación de arquitecto y técnico, su facilidad y gracia inventiva, su caprichosa y extravagante imaginación, pero también la soltura y dominio que tenía al embarcarse en soluciones difíciles y arriesgadas. Aquí, elaboró una construcción a mitad de camino entre la ermita y la pequeña casona de campo, un híbrido magistral entre la arquitectura religiosa y la civil. Kübler señala cómo Ribera tenía un antecedente en el propio Madrid, al que no fue de seguro indiferente, los pabellones de jardín, que hacían de ermita, o viceversa, que Alonso Carbonell, arquitecto del Conde Duque de Olivares, había alzado, esparcidos, por puntos diversos del Retiro.

Si nos situamos de frente, y ésa es aún la primera imagen que hemos percibido del edificio, creeremos hallarnos ante una casona palaciega, nada rica, posiblemente morada de los guardias y vigilantes del jardín, con un cuerpo central de aire totalmente civil, entre dos torrecillas cuadradas, de volúmenes cúbicos admirables, con balcones y ventanitas sin ningún ornato. En el centro de la fachada, una portada-balcón se decora con los motivos que serán inconfundibles en el repertorio riberesco (cabecitas, bisagras, veneras, ristras, bocelones, orejetas, etc.), flanqueada por puertecillas y óculos ovalados. Las torrecitas se cubren por tejados de pizarra, buhardillas y chapiteles de sabrosa tradición madrileña, que concede al conjunto un añejo aire castizo.

Si rodeamos el edificio advertiremos ya su doble condición de vivienda y capilla, en perfecta yuxtaposición, situándose ésta en la zona trasera, más cerca del río, jerarquizada en el papel dominante, exótico y potente de la cúpula, de aire chinesco, una enorme cúpula en forma de campana boca abajo, dividida en planos por agudos vértices, con buhardilla en cada una de estas caras, que horadan interiormente el cascarón de la media naranja, y pequeños ventanales, más arriba, que forman el tamborcillo de la linterna final. El remate supone la culminación del exotismo del diseño general, pues a la campana se superpone, finalmente, una especie de caperuza, coronada por la punta del castizo chapitel, constituyendo todo, torres, volúmenes, fachada y cúpula, a fuerza de fundir tradición y orientalismo, la arquitectura más castiza graciosa y heterodoxa de toda la arquitectura del Barroco madrileño, henchido de extravagancias rococó.

Una vez que traspasamos el umbral de la portada recorremos un tramo recto, a modo de zaguán, que salva el fondo ocupado encima por el coro y las viviendas, quedando a cada lado las escaleras, a las que se accede directamente por las portezuelas laterales de la fachada. El interior es un espacio circular, del que sobresalen cuatro brazos absidales, a modo de exedras, con lo que se produce la yuxtaposición de iglesia circular con una cruz griega. Al fondo, un tramo rectangular, cruzado al eje del edificio, hace de camarín, con estancia doble, baja y alta, aprovechándose el encuentro o engarce de este volumen rectangular con la volumetría circular de la capilla para colocar unas capillitas redondas, que quedan disimuladas exteriormente, embutidas en el prisma cuadrado al que tienen los muros de fuera.

Durante la guerra civil, la proximidad del frente la dañó considerablemente, pero fue restaurada con mimo acabada la contienda. No hace aún mucho fue de nuevo tratada, desapareciendo el feo enfoscado que ocultaba su grato ladrillo rosa, del mismo modo que ya en la restauración de los años 40 se la libró de las vulgares edificaciones que con el tiempo se habían adherido a la capilla. El único elemento fuertemente distorsionador sigue siendo el brutal desnivel, inmediato al monumento, entre la calzada del paseo, que se levantó posteriormente en el siglo XVIII, y el primitivo nivel del paseo.

SAN ANTONIO DE LA FLORIDA

Cronología: 1792-1798.
Arquitecto: Francisco Fontana.
Situación: Paseo de la Florida, s/n.

La pequeña iglesia que ordena levantar Carlos IV en 1792 era la tercera o cuarta de una serie de ermitas sucesivas dedicadas al santo lisboeta, siempre muy venerado en Madrid, y que desde antiguo fueron cambiando de sitio, pero siempre al oeste de la villa, junto al río, en la zona frecuentada por las lavanderas. Poco antes, más cerca de la Cuesta de San Vicente, Carlos III había encargado a Sabatini que construyera una ermita nueva, pero las obras de la nueva carretera de Castilla obligó a su derribo, trasladándose entonces a su actual emplazamiento.

La capilla se encargó al italiano Francesco Fontana, que envió desde Roma su proyecto, un edificio aparentemente neoclásico, sobrio y elegante, pero todavía dentro de cierta tradición purista y académica, propia del último Barroco italiano, en forma de cruz griega, cúpula sin tambor y linterna. La fachada presenta un rectángulo, con pilastras toscanas que se desdoblan, frontón de molduraje retranqueado, y portada adintelada, con mensulones, y frontón curvo.

Lo que hace ineludible la visita a esta apartada ermita, es el conjunto de frescos que Goya lleva a cabo en 1798, por mediación de su amigo y protector don Gaspar Melchor de Jovellanos, ministro de Gracia y Justicia. Goya comenzará a preparar los bocetos el 15 de junio, y ya irá todos los días a pintar a la ermita, a partir del 1 de agosto, en coche, cuyos gastos pasará dentro de una cuenta preparada por su amigo el droguero Manuel Ezquerra, y cuyos datos reproduce Mariano Juberías, y que por ser curiosos se transcriben: «importaron 14.314 reales, de los cuales 6.240 costó el coche alquilado para llevar al maestro desde su casa a la ermita y viceversa, a razón de 52 reales diarios, lo que fija la duración de la obra en 120 días; que, entre otras cosas, figuran en la factura las siguientes partidas: 124 brochas, 14 arrobas de colores y muchas libras de tonos finos, resma y media de papel imperial, 18 vasos de barro fino para colores, 3 cantarillos para tostar colores, 160 reales para comprar cazuelas y barreños, y una libra y tres cuarterones de esponjas lavadas finas a 40 reales». Es interesante la relación que establece Juberías entre el conjunto de frescos de Goya y los de

Ricci en la bóveda de San Antonio de los Portugueses, iglesia cerca de la cual vive el pintor aragonés en ese tiempo.

La intervención de Goya se hará sólo sobre las superficies abovedadas, y por lo limitado del espacio interior, se reducirá al casquete de la cúpula, cascarón del ábside, las cuatro pechinas, los correspondientes cuatro intradoses de los arcos del crucero y los lunetos de los brazos transversales, dejando sin pintar la bóveda del tramo de los pies.

En la cúpula realizará la zona más importante y conocida, donde se representa el milagro de la resurrección de un hombre asesinado, para declarar en favor del padre del santo, que había sido acusado del homicidio, revelando el nombre del verdadero culpable, y rodeados los personajes esenciales de una muchedumbre gesticulante y expresiva, que está al tanto de todo, menos del milagro. Dice Camón Aznar, que «es un muestrario de rostros que serían extrañamente expresivos, si no los ponemos en relación con el resto de las obras goyescas. De aquí podemos decir que arrancan unas expresiones distendidas, de un plebeyismo exacerbado, de unas carátulas que han de tener su culminación en la quinta del Sordo. Hay cabezas que parecen recién resucitadas, otras en el ápice de la admiración, otras irritadas y no faltan tampoco las estáticas y maravilladas ante el milagro».

Los personajes y la acción se desenvuelven, como un aro, siguiendo el desarrollo de la circunferencia, e invadiendo la menor superficie posible de la zona más alta del casquete, se disponen todos como asomados al vacío del crucero, de modo intencionado, pues el propio Goya pinta una barandilla, muy sencilla, al estilo madrileño, para justificar tal disposición. Se ha hablado de la influencia de los frescos de Parma, que Goya vio en su viaje a Italia, pero como apunta Camón Aznar apenas queda en la cúpula madrileña nada del revolotear escenográfico y aéreo de aquéllos. Lejos del barroquismo italiano, Goya planta sus figuras bien al suelo, bien sujetas unas a otras, o en actitudes sólidas y reales. Son, como se ha dicho hasta la saciedad, pueblo llano, bajo, vulgar incluso, gentes de la ciudad inmersas en un acontecimiento público, verbena, romería o corrida de toros, inquietas, curiosas, impertinentes incluso, con detalles de realismo directo y fresco, como la tela blanca dispuesta sobre la barandilla, la maja que apoya el codo en la misma, o los niños que se encaraman a ella. Una gran parte del centro de la superficie la deja en suave paisaje, con un árbol, que toca el círculo de la linternilla, y lomas, colinas y montañas resueltas de modo muy esencial en grandes manchas terrosas.

En cuanto a la técnica, sigue escribiendo Camón Aznar, que «representa la exaltación de su manera impresionista, con las pinceladas sueltas, desflecadas, en abiertas manchas de color. En este aspecto, no es superado ya por las obras posteriores que cambian, sí, de tono, pero no de bravura pictórica. El color es fastuoso, con soberbias notas azules, amarillas, anaranjadas, blancas. Pero todas las pinceladas lanzadas con frenesí».

Pero si la cúpula, con sus majas, con sus mujerucas mayores, viejas llenas de compleja y oscura humanidad, sus pilluelos, y sus rostros marcados por el miedo, la curiosidad o demás vicios humanos, representa el reflejo pictórico del pueblo y del pulso vital del acontecer diario del pueblo de Madrid, sin concesiones ni halagos de ningún tipo, realismo puro, fresco, inmediato, esponjoso de crónica y vitalidad, es en el resto de las bóvedas donde surge el Goya misterioso, fascinante, irreal, casi simbolista.

Mucho se ha dicho de que Goya anticipa, aquí y en otros innumerables momentos de su obra, movimientos, fenómenos pictóricos modernos, como el impresionismo, el expresionismo o incluso el surrealismo, pero nunca, al menos que el autor lo sepa, ha sido invocado como precursor del simbolismo, y no es que nos importen muchos las analogías o los antecedentes, pero aquí está ya el concepto pictórico lírico y fantasmal que culminará en la pintura derretida y espectral de Odilon Redon y otros simbolistas franceses. Las ángelas que pinta Goya en los intradoses de las bóvedas son fragmentos irreales, fantasmagóricos, aparecidos y espectros fosforescentes, que irradian luz como fanales de cera transparentes, cuyas pieles y anatomías son de papel translúcido, láminas de vapor y luz espectral que inundaran la noche. Los colores son de un lirismo rembrandtiano en descomposición, derritiéndose, evaporándose. Son auténticas apariciones nocturnas, seres remotos, extraterrestres, que toman apariencia lejanamente humana en sombras extrañas y densas, o en luces reverberantes de naves cósmicas, presas de expresiones intensamente emotivas, porque los ángeles aunque no hablen, sufren de conmociones psíquicas tremendas, como ya bien lo supiera el gran Rilke. Son aquí, en las ángeles goyescas, los tonos de un mágico lirismo inenarrable, rosas, perlas, malvas, azules, negros, oros, rococó enterrado y resucitado, policromía antes galante, frágil y graciosa, pasada por el tamiz, por el filtro frío y espectral de ultratumba. En una ciudad llena de aparecidos, éstos fueron congregados por Goya en la ermita de la Florida.

BIBLIOGRAFÍA

ANGULO, D., y PÉREZ SÁNCHEZ, A.: *Pintura madrileña del primer tercio del siglo XVIII,* Madrid, CSIC, 1969.

BONET CORREA, A.: *Iglesias madrileñas del siglo XVIII,* Madrid, CSIC, 1984.

C.O.A.M.: *Madrid. Guía de arquitectura,* Madrid, 1992.

GAYA NUÑO, J. A.: *Madrid monumental,* Madrid, Plus Ultra, s/f.

KÜBLER, G.: *Arquitectura de los siglos XVII y XVIII,* Vol. XIV de «Ars Hispaniae», Madrid, Plus Ultra, 1957.

MARTÍN GONZÁLEZ, J. J.: *Escultura barroca en España. 1600-1760,* Madrid, Cátedra, 1983.

——: *Luis Salvador Carmona,* Madrid, Alpuerto, 1990.

MESONERO ROMANOS, R.: *El antiguo Madrid,* Madrid, Dossat, 1986.

PARDO CANALÍS, E.: *Escultores españoles del siglo XIX,* Madrid, CSIC, 1951.

RODRÍGUEZ G. DE CEBALLOS, A.: *Los Churriguera,* Madrid, CSIC, 1971.

TAMAYO, A.: *Iglesias barrocas madrileñas,* Madrid, 1946.

TORMO, E.: *Las iglesias del antiguo Madrid,* Madrid, IE, 1985.

TOVAR, V.: *Arquitectos madrileños de la segunda mitad del siglo XVII,* Madrid, IEM, 1975.

VV.AA.: *La escultura y la arquitectura españolas del siglo XVII,* vol. XXVI de Summa Artis, Madrid, España Calpe, 1982.

VV.AA.: *Arte español del siglo XVIII,* vol. XXVII de Summa Artis, Madrid, España Calpe, 1984.

VV.AA.: *Enciclopedia de Madrid,* Madrid, Espasa Calpe, 5 volúmenes, 1978.

VV.AA.: *Carreño, Rizi, Herrera y la pintura madrileña de su tiempo (1650-1700),* Museo del Prado, Madrid, 1986.